SCHOLAR
OFFICIAL

U0075142

士大風骨

從帝王到文人的深層心理

—— 古代政治中的操控與反思 ——

「歷史的脂粉抹得再厚實，

終究會有開裂剝落的一天。」

蘇露鋒 —— 著

掌權與被掌權，從帝王到文人的理想與現實剖析

一部深入剖析古代政治、思想與文化的歷史隨筆

以新穎視角和犀利文字評述各時期帝王將相的「治國」之道

目錄

目　錄

目 錄

目錄

自序

出身鄉下，考大學幾乎是改變命運的唯一機會。高中那幾年，卻沉溺於文學。考試前夕，竟還在讀一些文學小說，旁人覺得荒唐可笑。沒有過人天賦，又不務正業，自然無緣大學。這要部分「歸罪」於老師。

一次作文課，老師把我關於王安石〈遊褒禪山記〉的讀後感，當作優秀作品在班上朗讀，有一句還被畫了紅線：「我的夢想，就是從那個時間、那個地點開始的。」我的文學夢想也由此啟航。

老師或許只是勾起了我體內的基因記憶。我的父親當過會計，算得上知識分子。他讀過一些書，對古典詩詞、歷史故事如數家珍。他還寫得一手好翰墨，鄰居每逢春節和紅白喜事，總是前來索求對聯。父親以歷史故事教我們兄弟做人處世的道理。沒有字帖，父親就在廢紙上寫下工整的楷書，一筆一畫教我臨習。父親的文學基因，在我身上得以傳承。

雖然沒能進入大學殿堂，但讀書的習慣一直堅持下來。既便是做農務時也帶著書，充分利用在田埂上休息的空閒時間。

一個偶然機會，我當上了郵務士。在鄉鎮的郵政代辦所，有大量報刊可以閱讀；更重要的是，我迎來了人生的第一個轉捩點。長官來檢查工作時，偶然看到我在交接表單上的簽名，便說字寫得不錯，又問我是否會寫文章。我點頭說是。幾天後，總部拿來一沓材料，讓我整理成文。不久，我便到了郵政總部從事宣傳工作，平常寫文章，有活動寫橫幅。從郵務士到專職宣傳，是一個人生跨越。

後來，我自學了法學、政治學、社會學、哲學、歷史學、國際關係

學、經濟學等多個學科的知識，廣博龐雜，不求甚解。摸索出了自己獨特的讀書自學經驗：在某段時間要專注一個領域，這段時間大概要三四年，先細讀這個學科的基本原理和思想史，或者詞典，再按圖索驥，研讀這個領域的經典著作和專業書籍，自學可以事半功倍。

從二〇一七年開始，我在雜誌開設專欄，均是歷史隨筆。開設之初，頭腦中並沒有清晰的定位。現在回頭來看，發現大多與古代士人、思想、政治有關，內容偏重於宏觀題材。這或許是我潛意識中的真正志趣所在——力圖從當代的視角，來解讀中國古代史。

專欄文章至今已累積近百篇，於是編成《士人風骨》這本書。這次結集出版，也算是一個階段性總結。

文學、時評、隨筆，是我精神追求的三個階段。一般而言，文學需要激情，時評需要銳氣，隨筆需要練達。但有人說，我的歷史隨筆，更多的是激情和銳氣。當然，光有激情和銳氣還不夠。好的歷史雜文，更重要的是要有獨到的見地。見他人之所未見，言他人之所未言，是雜文的上乘境界。此境界，恐力有不逮，而心嚮往之。

嘮叨至此，意在感恩一路走來給予我幫助的人。感恩親人、師友和同事，感恩點撥和抬愛我的人。除了前文提及，應該感恩的人還有很多，恕不一一道來。

蘇露鋒

寧拙毋巧的風骨

　　傅山，字青主，山西太原人。他是明末清初的書法大家，也是一位百科全書式的學者。他通曉諸子百家，在金石學、音韻學、考據學、史學等領域均有很深造詣。他的醫術也很高明，尤精於婦科。傅山以書法成就名垂後世，其他方面的成就，幾乎被他的書法藝術光芒遮蔽了，其「寧拙毋巧」美學觀對後世的影響尤其深遠。

　　「寧拙毋巧」源自他的書法理論──「四寧四毋」，即「寧拙毋巧，寧醜毋媚，寧支離毋輕滑，寧真率毋安排」。意思是，作書寧願追求古拙而不能追求華巧；寧可寫得醜些，也不能有奴顏婢膝之態；寧可追求鬆散參差，也不能有輕佻浮滑之相；寧可率真直書，也不能刻意安排。

　　這也是傅山的人生觀。他一直對科舉功名不太在意。他苦讀十三經和史書，致力於金石考據和經世致用之學，對八股知識沒有多大興趣。明朝滅亡後，他出家做了道士。披上紅色道袍，自號「朱衣道人」，暗含穿朱家之衣、不肯降清之志。他寧願抱樸守拙，清苦度日，也不願投機取巧，仕新朝而享榮華。

　　清廷為了彰顯其統治的合法性，大肆拉攏漢人為其所用。不少漢人為了保護自己的政治經濟利益，透過與清廷合作或科舉考試，而搖身成為新貴。傅山在文藝上的聲名，不但沒有因改朝換代而受損，反而在清初更加彰顯。他成了朝廷重點拉攏的對象。

　　有京官多次舉薦他，但他最初一再「固辭」，以生病為由拒絕進京。他

為官的朋友，也極力勸行。為了不讓朋友為難，他勉強在孫子的陪同下赴京。但他拿定主意，絕不參加朝廷的博學鴻儒特科學考察試。對他來說，參加考試等於承認清政府的合法性。他不會向新朝廷妥協。無奈之下，清廷只得免試封他為內閣中書。有人要他入朝向皇帝謝恩，傅山絕食七天以拒。

傅山的風骨，成為一些文人的精神寄託。在金庸筆下，《書劍恩仇錄》一書中，傅青主不僅是武林高手，還是從事反清復明活動的江湖首領。

傅山年輕時，曾醉心於趙孟頫的書法。但年長後，尤其是清軍入關、明朝覆亡後，他深切意識到趙孟頫的道德問題。趙孟頫本為趙宋宗室，卻在宋亡後侍奉元朝，成為「貳臣」。這時，傅山再看趙孟頫的書法，覺得其「淺俗」、「無骨」，便毅然回歸顏真卿。唐代書法家顏真卿在平定叛亂中為國捐軀，被後世視為忠臣的象徵。

雖然藝術成就不能與人品畫等號，但從藝術風格而言，趙體圓轉流麗，顏體寬博剛健，後者骨力勝於前者，正好與他們的人品相對應，使他們的藝術風格有了象徵意味，似乎印證了唐代書法家柳公權的名言——「心正則筆正」。

不過，傅山作為嚴謹的學者和書法大家，並沒有一味地以人品的高低來論定藝品的優劣。長他十五歲的書法家王鐸，與趙孟頫有著類似的經歷，在人格上也有汙點，作為明大臣卻降清仕新朝。但他的書法雄健豪邁，開一代風氣之先。傅山對其評價非常肯定：「王鐸四十年前字極力造作，四十年後，無意合拍，遂能大家。」

傅山晚年貶斥仕元的趙孟頫，而讚頌「忠君愛國」的顏真卿，不僅是藝術審美風格的重新選擇，更是對自己明朝遺民身分的強調和表達。而避開政治汙點，從藝術上肯定王鐸，則突顯了政治與藝術的複雜關係，以及鼎革時期文人抉擇的兩難困境。

李贄的三把剃刀

明朝思想家李贄有三把「剃刀」。這些「剃刀」，構成了他奇異、矛盾而又決然的一生。

第一把是剃度之刀。

李贄出生於福建泉州，家境貧寒，從小就有懷疑精神，尤其反感程朱理學。但為了餬口，他不得不參加科舉考試，二十六歲中了舉人，卻說：這只不過是個兒戲！此後也不再考進士，遠赴河南輝縣做了教諭，後又調任最高學府國子監博士。在雲南姚安知府任上，他廉潔勤政、秉公執法。上司欣賞，同僚誇獎，士民讚頌，大都認為他仕途前景無量。然而，他卻在大家詫異的目光中，棄官去職，脫離體制，來到湖北芝佛院剃度成了和尚。從此專注學問，著書立說。

第二把剃刀是訣別之刀。

在芝佛寺待了十年，李贄學問精進，名聲大噪，被邀到各地講學。和尚、道士、樵夫、農民、商販，還有很多女子，一聽李贄來講學，蜂擁而至。一時間，李贄成了橫掃儒釋道的學術明星。這對傳統思想造成了強烈衝擊，被保守勢力視為「異端邪說」。朝廷以「惑世誣民」的罪名把七十六歲的李贄關進大牢。關了二十多天後，獄卒找來了剃頭匠幫李贄剃頭。李贄趁機拿起剃刀割了脖子。臨死前，他用手指蘸了自己的血寫道：「七十老翁何所求！」用王維這句詩來表明殺身殉道的決心。李贄一生窮困潦倒，七個孩子有六個因飢病交困而先後死去。

李贄像

第三把剃刀是解剖之刀。

塵俗的羈絆、體制的束縛，李贄均化繁為簡，一刀兩斷。這種思維方式，與英國哲學家威廉‧奧卡姆（William Ockham）的「剃刀定律（Occam's razor）」有些類似。奧卡姆認為，論證一個理論或命題，往往有多種解釋和證明，其中步驟最少、最為簡潔的證明是最有效的，其他都是無用的累贅，應當被無情地「剃除」。李贄的「剃刀」，是割離塵世的器物之刀，也是解剖和批判社會的思想之刀。

李贄很像一個穿越者，把很多超前的觀念和思想帶到了明代。在哲學上，他信奉王陽明的心學，認為「真心」、「童心」是萬物的本源。他公開反對以孔孟學說作為亙古不變的權威教條。他認為，孔子只不過是一個普通人，沒有必要神化。他指出，程朱理學倡導的「存天理，滅人慾」是個偽命題。穿衣吃飯，即是人倫物理。脫離物質生活，空談倫理道德，都是偽君子 —— 滿嘴仁義道德，背地裡卻是男盜女娼。他主張個性解放和思

想自由，打破了孔孟之道提出的是非標準。他撰寫了《焚書》、《續焚書》、《藏書》、《續藏書》等著作，表達自己的獨特觀點，用自己的是非標準，重新評價歷史人物。他蔑視皇權和王公貴族，公開宣稱天子和普通老百姓沒什麼區別。老百姓並不卑賤，有其尊貴的地方；王公貴族並不高貴，也有其卑賤的地方。

他提倡婚姻自由，認為父母之命、媒妁之言都不算數。他公開支持寡婦再嫁，他兒子死後，他就勸說兒媳改嫁他人。他提倡男女平等，公開批駁男尊女卑的儒家思想糟粕。他曾在湖北麻城開壇講學，規定不分男女，一律都可入學，真正做到了有教無類。他批判重農抑商，認為商人透過辛苦勞動賺取錢財，屬於崇高的職業，值得社會尊重。

李贄思想的核心，強調個人的獨立、自由和平等，在當時可謂驚世駭俗。不為現實所容，便以極端的方式來踐行思想、追求個人自由，這也是對傳統頑固勢力的蔑視。在明清兩朝，其著作均遭官府禁止，但卻更加廣為流傳。他的思想，猶如一盞明燈，劃破了幽暗的千年長夜。

李贄的三把剃刀

從司馬遷到談遷

　　中國有修史的傳統，綿延不絕的文獻記載，清晰地勾畫出歷史的發展軌跡。自古以來，一直不缺追求信史的殉道者，司馬遷是早期的典範，談遷是後期的代表。為歷史真相而獻身，從司馬遷到談遷，可以看到這種精神的綿延不絕。

　　司馬遷的父親是太史令，受其影響，刻苦好學的司馬遷，逐漸樹立了繼承父業、研究歷史的志願。父親臨終前，拉著司馬遷的手，說自己想要寫一部通史，但未能如願，希望兒子完成他的遺願。司馬遷擔任太史令後，便開始了寫《史記》的準備工作。四十六歲那年，司馬遷為李陵之事說了公道話，獲罪，遭受腐刑。司馬遷忍受生理和心理的雙重劇痛，用生命寫出了空前絕後的鉅著《史記》。

　　司馬遷不怕再次獲罪，他尊重史實，秉筆直書，不為尊者避諱。對漢高祖劉邦，除了正面描寫其作為創業君主的善於用人等長處之外，還用大量篇幅寫劉邦的無賴，不尊重儒生，貪酒好色，尤其描寫劉邦的虛偽，更是入木三分。

　　司馬遷對當朝的漢武帝也是直言不諱。漢武帝實行嚴刑峻法，建立起專制主義的中央集權，司馬遷在《史記》中多處披露這一點，批評漢武帝不重德治而用酷吏，完全是本末倒置。司馬遷不滿漢武帝的用人，批評他不用直諫之臣而用諂諛之輩。司馬遷在〈封禪書〉中，寫漢武帝為長生不老而迷信方士，儘管多次被欺騙，卻始終不覺悟；在〈平準書〉中寫漢武

帝大興土木和奢侈浪費，對外連年用兵，造成府庫空虛。為此司馬遷憤怒地指出：武帝「於是外攘夷狄，內興功業，海內之士力耕不足糧餉，女子紡績不足衣服」。在司馬遷筆下，漢武帝是個好大喜功、窮兵黷武、貪圖享樂而不顧人民死活的皇帝。

揭露宮廷矛盾，也是司馬遷批評漢武帝的一個重要方面，此集中表現在〈魏其武安侯列傳〉中。司馬遷著重寫了漢武帝即位前後，外戚之間、外戚與皇家之間、皇帝與太后之間、竇太后與王太后之間，以及皇家與大臣之間，互相傾軋、爭權奪利的現象，並對漢武帝將國政當作一家私事來處理的政治弊端給予了有力地剖析和揭露。

明末清初史學家、《國榷》作者談遷，把司馬遷當作精神導師。談遷原名以訓，明亡後更名遷。他出生於鹽官一個貧困之家，長給當人家的祕書，以辦些文墨事務、代寫應酬文章來維持生活。他自幼好學，尤其喜歡讀史。他發現明代實錄中，有幾朝實錄經過重修，嚴重失實，而眾多私家所修的當代史中多有毛病，出於強烈的責任心，他決心寫一部信史。但是，一個家徒四壁的窮秀才，既無「金匱石室」可供查閱，又無厚祿巨資可資周遊，其困難可想而知。他撰寫《國榷》的主要依據，是明朝歷代實錄，然而，《明實錄》當時並沒有刻本，只有極少數大官僚地主家才藏有抄本。他不辭辛苦，經常步行到百里之外去借抄。他還涉覽了明人著述百餘種以上。

在他耗費心血完成《國榷》初稿之後，誰知天降橫禍，小偷盜走了全部書稿。二十餘年的心血毀於一旦，這對年已五十多歲的談遷來說，無疑是晴天霹靂，他流著淚說：「吾力殫矣。」然而，他並沒有灰心喪氣，繼續從頭做起，四年後再次完成四百二十八萬多字的《國榷》。

談遷除了重視文字資料的收集外，還十分重視調查研究。他很早就盼望去北京，以便查閱相關資料和實地調查。第二次書稿完成後，這一夙願終於實現。義烏朱之錫進京供職，聘他做記室。談遷在北京住了兩年半。他借閱了大量著作和資料，並閱讀和抄錄了邸報（政府公報），以補充崇禎朝、弘光朝史料的不足。此外，他還經常與熟悉明朝掌故的耆舊交談，以獲得書本之外的資料，來訂正《明實錄》及其他稗官野史記載的錯誤，補充其記載的缺漏。他還親往拜謁崇禎的思陵及司禮監秉筆太監王承恩的墳墓，並與守陵的宦官交談，了解甲申之變宮中的詳情。

　　《國榷》這部編年體明代史，記錄上起元文宗天曆元年（西元一三二八年），下迄明末弘光元年（西元一六四五年）共三百一十八年的歷史。其最突出的特點，是在記述史事的過程中，繼承了司馬遷重視考信的優良傳統，對所依據的史料進行了去偽存真、去蕪存菁。

　　在《國榷》中，談遷不但如實還原了清廷極力掩蓋的「黑色發家史」，還毫不掩飾地直稱清先人為「建虜」，寫至清朝建立後又改稱其為「清虜」。這在當時，是要冒著被殺頭危險的。莊廷鑨攬人撰寫《明史輯略》，不承認清朝的正統，直呼努爾哈赤為「奴酋」、清兵為「建夷」，結果引起清廷大興文字獄，相關人等被捕殺殆盡。

　　私人修史犯了清廷統治者的大忌。但談遷不信邪，明知不可為而為之，以一人之力，為後世留下了一部信史巨構，是私人修史的傑出代表。

從司馬遷到談遷

顧炎武的警告

　　明末清初思想家顧炎武曾經警告他的弟子潘耒，反對他涉入官方學術界，因為一旦進入，他必須「滿口溢美之詞」，浪費大量時間用來溜鬚拍馬。

　　潘耒出身江南吳江縣的書香門第，生而奇慧，讀書過目不忘。六歲喪父，依靠兄長生活。其兄因莊廷鑨私修《明史》案牽連被凌遲處死。

　　涉世未深的潘耒，起初對老師的警告沒有重視，他參加了朝廷的博學鴻儒科學考察試。在古代，朝廷幾乎壟斷了所有的資源，科舉是讀書人改變命運的唯一途徑。飽讀詩書，想有所作為的潘耒，沒有別的選擇，他進了翰林院。潘耒在京為官五年，除參與編修官方《明史》外，還被康熙帝選在身邊，專事記錄皇上的言行起居，並出任會試考官。潘耒不願曲意奉上，對時政多有諫言，終因大膽敢言而被降職。後因母親去世丁憂歸家，便不再復出。大學士陳廷敬想推薦他，被他謝絕，他說：「止止止，吾初志也，吾分也。」潘耒晚年崇信佛學，遍遊名山，留下〈遊南雁蕩記〉等名篇佳作。此時，潘耒才深切體會到老師的睿智和遠見。顧炎武不只是這樣教育學生，他自己也是這樣做的。

　　清朝自建立後，對漢族知識分子使用了軟硬兩手：一方面透過南北榜案、通海案、《明史》案、《南山集》案等大案進行瘋狂的鎮壓；另一方面則利用科舉和修史來拉攏、安撫、籠絡，像顧炎武這樣名滿天下的大儒，自然是清廷網羅的對象，但顧炎武屢次拒絕徵召。

顧炎武像

康熙十年（西元一六七一年），顧炎武遊京師，寄寓外甥家中，大學士熊賜履設宴款待顧炎武，邀修《明史》，顧炎武拒絕說：「果有此舉，不為介之推逃，則為屈原之死矣！」

康熙十七年（西元一六七八年），康熙帝開博學鴻儒科，禮部侍郎葉方藹舉薦顧炎武，顧炎武三度致書葉方藹，表示「耿耿此心，終始不變」，以死堅拒推薦。後又說：「七十老翁何所求？正欠一死！若必相逼，則以身殉之矣！」

康熙十八年（西元一六七九年），清廷開明史館，《明史》總修官熊賜履招顧炎武與修《明史》，顧炎武以「願以一死謝公，最下則逃之世外」堅拒熊賜履。

面對清政權的誘惑，顧炎武沒有如他的朋友傅山那樣假託生病不出，也沒有如與他齊名的黃宗羲那樣妥協，掛名《明史》修史顧問，更沒有像一些人那樣去「躬逢盛典」。他的態度直接而剛烈，以死相拒。這固然表

現了顧炎武絕不委身新王朝的知識分子氣節，也展現了他作為思想家的洞察力。

顧炎武心裡明白，一旦進入官方學術界，不管是修史還是著文，都得為朝廷塗脂抹粉，為皇上歌功頌德。那樣不僅沒了自己的獨立人格和思想，還得浪費大量精力和時間揣摩上意，撰寫媚俗時文，無法專注真正的學問。側身官場和體制內，能夠過上體面優渥的生活，也能獲得官方的資源和學術地位，但這不是顧炎武想要的。即便生活窮困清苦，他也要追求真學問、大學問，為往聖繼絕學，為萬世開太平。他對學生潘耒的警告，又何嘗不是一種自我提醒？

正是這種難能可貴的清醒和自覺，才成就了顧炎武。潘耒在顧炎武的代表作《日知錄》原序中說：「當代文人才子甚多，然語學問者，必斂衽推顧先生。」並謂此書：「唯宋、元名儒能為之，明三百年來殆未有也。」

從思想史和學術史看，顧炎武的成就，完全夠得上他學生的評價，甚至有過之而無不及。

顧炎武的警告

被凌遲的理想

明朝燕王朱棣武力篡奪姪子建文帝朱允炆的皇位後，他凌遲磔殺的，不只是拒寫詔書的「讀書種子」方孝孺，還有建文帝和方孝孺君臣兩人共同的仁政理想。

方孝孺自幼天賦驚人，尤其是師從大儒宋濂後，學問大為精進。他不僅文才卓異，還有治國韜略。朱元璋知道方孝孺有大才，但並沒有立即重用他，而是希望他將來能為皇太子朱標所用。誰料朱標比朱元璋先死，皇太孫朱允炆隔代繼承了大位。

建文帝很早就聽說方孝孺的賢名，即位後便將他召入帝京。方孝孺被任命為翰林侍講，次年遷侍講學士，成為建文帝近臣。無論是討論國家大事，還是為建文帝讀書釋疑，他都是建文帝身邊不可缺少的人物。朝廷撰修《太祖實錄》、《類要》等書，都任命他為總裁。

建文帝如此倚重方孝孺，乃因建文帝長期受儒家思想薰陶，恢復上古三代之治是其政治理想。方孝孺是朝野公認的名士大儒，道德學問均為當時之冠，在儒家士大夫中具有極高聲望，而且他仁義治國的主張與建文帝完全契合。建文帝起用方孝孺後，待之如師。

為報知遇之恩，同時實現自己治國救民的政治理想，方孝孺忠心輔弼建文帝治國，直接參與各項政治改革的籌劃。他是「建文新政」藍圖和整體構想的總設計師，當時幾乎所有發表的改革方案，都以他的治國方略作為思想理論基礎。

方孝孺像

　　在治國理政的問題上，建文帝與爺爺朱元璋完全不同。朱元璋推行恐怖政治，而建文帝以仁義禮樂治國。

　　「建文新政」中最重要的內容就是寬刑獄。朱元璋嚴刑峻法，製造了大量冤案，方孝孺對其害有切膚之痛，他的父親方克勤、叔叔方克家和恩師宋濂，均蒙冤而死。方孝孺提出「以德為主，以法輔之」的德治思想，與建文帝「寬仁」的執政理念不謀而合。在方孝孺的參與下，建文帝平反了一大批冤假錯案，矯正朱元璋時期濫法任刑之弊。其最直接的成果，就是全國的囚犯人數比以往少了三分之二。

　　朱元璋雄猜多疑，採取挑撥分化、特務監視、恐怖屠殺等手段來控制朝臣，並且廢中書省和丞相，大權獨攬，建立獨裁統治。方孝孺嚴厲批評朱元璋恃威自用，把臣子當奴才，任意鞭笞侮辱。他認為皇帝應當禮賢下士、虛心納諫，與賢臣士大夫適當分權，共理國政。建文帝採納方孝孺的建議，向朝臣放權，實行君主與士大夫共治天下，扭轉了朱元璋肇始的專制皇權空前強化的趨勢。

　　方孝孺的政治思想，與中國歷史上儒家傳統的民本思想一脈相承，他

根據孟子的「民為貴，君為輕」之意，進一步發揮說：上天立君主，是為了百姓，不是讓百姓來服侍君主的。如果所立君主無益於民，那立他做什麼呢？強調君主治民要本乎仁義、順應民意。建文帝在這一點上身體力行，他清心恭己，輕徭薄賦，減輕了人民負擔。

「建文新政」實行幾年之後，取得很好的成效，社會風氣明顯好轉，而且得了民心，年輕的建文帝得到百姓擁戴。然而這一切因朱棣起兵篡位而終結。

方孝孺在當時有極高的聲望和影響力，朱棣企圖讓他起草詔書，來說明自己上位的合法性。方孝孺知道理想已破滅，置生死安危於度外，取筆大書「燕賊篡位」四個大字。盛怒之下，朱棣將方孝孺凌遲處死，其肢體分裂後懸首張屍以示眾，並滅其十族，慘絕人寰。

登上皇位的明成祖朱棣，完全摒棄建文帝時期的仁義禮樂，重拾朱元璋時期的嚴刑苛法。甚至，朱元璋在晚年廢止的特務機構錦衣衛，朱棣登基後立即就恢復了。人性的幽暗、歷史的弔詭，又一次突顯出來。刀槍之下，理想竟如此脆弱？

被凌遲的理想

謀僧念什麼經？

　　亂世之中，讀書人想要建功立業，藉助雄主是必然選擇；雄主爭奪天下，也少不了讀書人的出謀策劃。如曹操與荀彧、劉邦與張良、李淵與裴寂、趙匡胤與趙普、朱元璋與劉伯溫等。有一種謀士極為特殊，和尚出身，自寺廟入幕府，從江湖到廟堂，亦僧亦官，亦僧亦俗。劉秉忠和姚廣孝是謀僧的代表人物。

　　劉秉忠自幼聰穎，十七歲為邢臺節度使府令史。他家世代官宦，自己卻淪落為刀筆小吏。他認為，大丈夫生不逢時，應當隱居起來，以待機遇，再展宏志。於是他棄職而去，隱居於江西武安山，後來到河北天寧寺剃度為僧，不久又留居山西南堂寺。

　　無論是隱居還是出家，對劉秉忠來說，都不過是為了有一個讀書和靜待機遇的環境。他在寺中勤奮地博覽群書，儒經、佛經、天文、地理、律歷、史典以及占卜之書，無所不讀，無所不通。

　　劉秉忠進入忽必烈幕府後，以布衣身分參與軍政要務，出謀策劃，立下不世之功。早年的抱負似乎實現。一些與他同時入侍忽必烈的漢人，許多由他推舉入朝的儒士，都已高官厚祿；但獨有劉秉忠依然如故，僧衣齋食，無官無爵，過著出家人的清苦生活。兼通儒佛的劉秉忠，一方面有建功立業的強烈願望，一方面又視功名利祿為浮雲。

　　雖然忽必烈下令劉秉忠還俗，但他仍然對朝廷若即若離。這時的忽必烈，已與從前大不相同，越來越專斷、疑心重、好大喜功，不再有耐心聽

取漢臣的意見，甚至常常藉故治罪漢臣。劉秉忠預見到了漢臣們在未來的悲劇性結局。尤其是，忽必烈為了應付龐大的軍費和朝廷開支，不顧漢臣一再反對，橫徵暴斂，壓榨百姓，這些都讓劉秉忠對曾經熱衷的功業有幻滅感。

劉秉忠雖然感到失望和痛苦，但他畢竟深諳佛理，很快就從世間的煩惱中超脫出來。他以出家人的方式，選擇自己的最後歸宿。就在忽必烈確定最後滅亡南宋的策略計畫，一統大業指日可待之時，劉秉忠在上都郊外南屏山建起一座小屋，獨居其間，終日吟詩詠詞。

元朝末年，佛教寺院藏龍臥虎。長洲妙智庵和尚姚廣孝從小就抱有遠大理想，出家後精研佛經、天文、陰陽、算術和兵法等多種學問。他還廣遊湖海，結交四方之士，曾在多個寺院當過住持。元末，改朝換代之際，姚廣孝還沒有脫穎而出，另一個和尚朱元璋就平定了天下。新朝皇帝下詔取高僧，他積極前往。但他當時有病在身，僅取得禮部發給的度牒，於覺林寺入冊。

姚廣孝在等待新的時機之際，好友高啟因犯諱而被腰斬 ── 帝王喜怒無常，走入仕途，稍有不慎，就有殺身之禍。姚廣孝為自己的出路躊躇起來。然而，他要做治世名臣的理想，並未就此泯滅。當皇帝下詔通儒僧出仕時，他還是前往禮部應試了。但他試畢並沒有受官，帶著朝廷賜給他的僧服回去了。這是他心理矛盾的表現。

一個偶然的機緣，姚廣孝加入了燕王朱棣幕府，建功立業的雄心之火再次在他心中燃起。在他的慫恿和謀劃下，朱棣從姪子建文帝手中奪取了天下。一方面，姚廣孝為朱棣心腹謀士，助其起兵成功，自己也位居高官，實現了昔日的理想；另一方面，他也親眼看見，自己謀劃的這場戰

爭，帶給無辜百姓很多災難，使他們慘遭殺戮，這不能不使一個從十四歲就出家為僧，時刻叨唸應以慈悲為懷的人在良心上受到譴責。「何如東流水，寫此長恨端」的詩句，就表達了他的懺悔心情。

皇帝讓他蓄髮還俗，他不願意；特賜他宅第，他不接受；為他擇偶選妻，他不奉詔。他仍舊是「常居僧寺，冠帶而朝，退而輜衣」。他對自己前半生的所作所為悔恨不已，想拋卻塵世的權欲，在佛門淨土中安度晚年，超度在戰爭中喪命的無數蒼生。清代進士劉湄金這樣描述姚廣孝，「因殺業太甚，故終身為僧而不改」。

在劉秉忠和姚廣孝身上，入世與出世、功利之心與悲憫之心，兼而有之，選擇中有痛苦，放棄中有糾結。不僅僅是謀僧，很多讀書人都有這種矛盾心理，只是沒有如此顯著而已。中國傳統文化中，「儒佛一體」是一個獨特而普遍的存在。

謀僧念什麼經？

文人不幸文化幸

金末文學家元好問出身官宦之家，從小飽讀詩書，富有文才；但時運不濟，命運多舛，成了亡國之臣。他姓元，卻不願做元朝的官，後半生窮困潦倒。他的文學成就以詩為最高，其「喪亂詩」尤為有名，展現的是山河破碎的切膚之痛，顛沛流離中的思鄉之情。

清代史家趙翼總結元好問的一生，寫出了流傳後世的詩句 ——「國家不幸詩家幸」，意為時局動盪、社會離亂的國家之大不幸，有時反而會造成文學的繁榮，催生優秀的作家和作品。

詩句中「詩家幸」，重點在「詩」，而不是「家」。家國之大不幸，詩人個體豈能倖免？但詩人之不幸，往往能成就名篇佳作。杜甫說「文章憎命達」，歐陽脩說「詩窮而後工」，王國維說「愁苦之言易巧」，他們是深得其味的。從文學史來看，多數大詩人、大作家，經歷都十分坎坷；一帆風順的人，很難寫出傳世之作。

杜甫生長於唐代開元盛世時期，早年意氣風發，許多詩作充滿青春豪情。安史之亂，杜甫經歷了幼子餓死之痛，自己也居無定所，生活毫無保障。這個時期，杜甫的詩風有了極大的改變，更加貼近現實和社會底層，有了深切的憂國憂民情懷。他很多名作的題材都跟安史之亂有關，其中「三吏三別」、〈茅屋為秋風所破歌〉成為千古絕唱。正是人生之大不幸釀成的悲憤之作，才成就了一代「詩聖」杜甫。

蘇東坡像

　　柳宗元幼年遭遇藩鎮割據戰亂，成年後在政治上受排擠，多次遭貶，被拋入社會底層，生活坎坷困頓。但荊棘和陷阱造就的，卻是中唐一流的思想家、文學家，在中國的詩歌史與散文史上，他都寫下了濃墨重彩的一筆。

　　南唐後主李煜若非身逢家國之變，豈有「詞帝」之殊榮？作為亡國之君，後半生的幽禁生涯，讓長於深宮的他識得人情冷暖、世態炎涼，才得以創作出真正打動人心的傑作。儘管他以前也寫詞，但不過寫些男歡女愛、風花雪月，格調不高，難登大雅之堂；國破家亡之後的作品，以思念故國為主，抒發亡國之痛，感情真摯、意境深遠，藝術成就很高，被後人廣為傳誦。

　　蘇東坡是冠絕一時的文學全才，在詩、詞、散文等諸多領域都取得卓

越成就，他的作品都是由自身的磨難凝結而成的。他雖沒有經歷國破家亡、離亂戰火，但專制體制下官場的險惡對一顆敏感心靈的傷害，絲毫不亞於前者。

　　蘇東坡在三次遭貶之後，寫了詩作〈自題金山畫像〉，前一句「心似已灰之木，身如不繫之舟」，可見其心受傷害之深。蘇軾一生，政壇上大起大落，落差令常人難以想像。十幾年的貶謫生活是他生命中的主題。一生漂泊，暮年入蠻荒之地，他經受了無數的磨難。後一句「問汝平生功業，黃州惠州儋州」，既是自嘲也是自我肯定，貶謫在這三州期間是他政治上最為失敗，生活上遭受苦難最多的時期，卻也是他人生精神昇華到極致，對人生意義哲思體會最為深刻的時期，更是他將苦難和思考凝結成一篇篇文學佳作的創作高峰期。

　　從屈原被逐而賦《離騷》，司馬遷受宮刑而著《史記》，到曹雪芹家道中落而撰《紅樓夢》來看，在一定程度上，中國文學史就是一部文人受難史。或者說，文人受難史就是一部文學發展史。但是，以文人不幸換來文學繁榮，對國家和民族來說，到底是幸還是不幸？

文人不幸文化幸

「天」生我才

詩人余光中在〈尋李白〉中寫道：

酒入豪腸，七分釀成了月光

餘下的三分嘯成劍氣

繡口一吐就半個盛唐。

李白的詩作，瑰麗豪邁、雄視千古。在一定程度上，李白的氣質就是盛唐的氣質，難怪有不少人把李白看作盛唐的「形象代言人」。

李白在詩中說，「天生我材必有用」，這是當時讀書人的普遍感受。這個「天」，不僅有讀書人的天生稟賦，也有皇帝的「天恩」—— 初唐開放包容的體制，讓大多數讀書人能夠找到存在感，有用武之地。

中國古代的人才選拔，從先秦時期的世襲、軍功授爵，到漢朝的徵辟、察舉，再到魏晉時期的九品中正，然後發展到隋朝的科舉制。到了初唐，李世民大力推廣科舉制度，打破世家大族對官職的壟斷。原來是九品中正，世家大族壟斷了官職，崔盧李鄭、王謝袁蕭、顧陸朱張，都是這些人的子弟在做官。隋朝實行科舉制只是開端，打破貴族壟斷的效果並不明顯。李世民將前代的科舉制度加以發揚，創造出了一套行之有效的選拔人才制度，讓寒門子弟有了更多出仕做官的機會。

唐朝的科舉考試，除了必需背熟儒家經典才有可能通過的「明經科」外，還為那些有智慧有能力卻不想背書的人留了通道 ——「進士科」。它對儒經的要求放得很低，只要求參加考試的人寫詩、賦，或者寫策文回答

實際政治問題；同時，再從儒家經典中選取一些句子，要求考生填空，就像現在高考語文中的段落填空，只要填對，就算過關了。

如果一個人文采斐然，又對社會問題有獨到見解，只要參加這個考試，就可以被授予「進士」出身，其待遇，甚至比「明經」出身的還要高。「進士」出身的人更加幹練，能做事，因此比那些「明經」出身的學究更受朝廷重用。

進而，從唐高宗時期開始，進士科基本上不再讀古文儒經，而是閱讀當代人的時論，並比試詩詞歌賦。在這種風氣的帶動下，人們對於現世的關注超過了古代，這也造就了唐詩的發達，優秀詩人如雨後春筍，李白就是其中傑出的代表。

除了明經、進士這兩大學位之外，唐朝還設有其他更實用的學位，供那些有專才的人考取。比如秀才科、明法科、書學科、算學科，分別為朝廷提供文學、法律、書法和數學方面的專門人才。後來又設立了史科、開元禮等，以提供史學和禮學等人才。

唐初寬鬆包容的科舉制度為社會繁榮提供了足夠的人才支撐，而在主流意識形態中摻入非儒家的因素，則導致思想文化領域的多元化。思想上的包容，是初唐繁榮的基石和根本。自漢武帝開始，儒家一直占據主流意識形態地位，這種狀態從唐初開始改變。唐高宗把道家《老子》加入考試當中，唐玄宗時期還專門設立了道舉科，考試的書目是《老子》、《莊子》等道家經典。唐肅宗、代宗時期的宰相元載就是道舉出身。他擅長道家學問，曾經參加過其他科目的考試，但總考不上；這時，恰好唐玄宗設立了道舉，他一考就考上了。李白在思想上主要也是道家的。

初唐雖稱盛世，卻並不完美，也有遺憾。中國自古就有輕商的傳統，

開放包容如唐朝也不例外，致使熱衷仕途的李白終生都沒能參加科舉。李白家庭世代經商，而唐朝法律規定，商人家的孩子不得入仕。李白最後憑詩才引起皇帝重視，經特批當了翰林待詔。但李白生性豪放，根本不適應官場。他終於流浪江湖，飽覽祖國大好河山，從而留下了大量的傑出詩篇。或許這是另一種意義上的「造就」？

「天」生我才

讀書人的辮子

　　一代國學大師王國維，自投於頤和園昆明湖。王國維之死因，學界眾說紛紜，莫衷一是：清廷傾覆，為其殉節；受阿圖爾・叔本華（Arthur Schopenhauer）的哲學浸染，悲觀厭世；傳統文化崩潰，為其殉情；他人逼債，走投無路，等等。王國維之死，有個人因素，也有社會原因，但更多的是文化方面給了他致命一擊。從他對待「辮子」的態度上可以窺斑見豹。

　　一九一二年三月五日，民國政府通令要求國民「限二十日，一律剪除淨盡，有不遵者，以違法論」。在舉國上下大興「剪辮」之際，有學人卻反其道而行之，依然我行我素地留著一條長辮子，其中便有王國維。對於腦袋後面的辮子，王國維非常在意，打死都不肯剪掉。他的辮子，每天早上都是夫人幫著梳理。據他女兒回憶，有次她娘梳煩了，說：「別人的辮子全剪了，你還留著多不方便。」王國維冷冷地說：「留著便是留著了。」在王國維眼裡，辮子已成為一種符號，具有文化的象徵意義。

　　長辮子本是滿洲人的象徵，他們入關建立清朝後，嚴令漢人「留頭不留髮，留髮不留頭」。從此，中國男人都拖上了一根長長的辮子。清廷把「辮子問題」絕對政治化，視為漢人順服與否的象徵。與此同時，清廷為了穩固統治，不斷往滿文化中融入漢文化，把自己打扮成中國傳統文化的繼承者。經過長期的洗腦教化，很多讀書人把清廷看作了中國道統的傳承者，「辮子」成了中國傳統文化的象徵。

王國維

王國維是前清秀才，清末曾任「學部總務司行走」。後來被廢帝溥儀徵召為「南書房行走」，算是當了一次「帝師」。王國維比溥儀還在乎辮子，溥儀在一九二一年已經剪掉了，而王國維卻一直保留著。一九二七年，國民革命軍逼近北京，王國維正在清華園教書，一個學生問他：「國民軍到了，先生的辮子有問題吧？」本來，剪掉辮子，問題就解決了，但王國維最終帶著那根辮子跳入水中。

與王國維同為清華園導師的陳寅恪在《王觀堂先生輓詞（並序）》中說，當一種文化衰落的時候，為這種文化所教化之人，會感到非常痛苦。當這種痛苦達到無法解脫的時候，他只有以一死來解脫自己的苦痛。他認為這就是王國維的死因，是為中國固有文化而殉節。陳寅恪認為，中國傳統文化的精神核心是「三綱六紀」。王國維覺得這種傳統文化的精神價值，在晚清不能繼續了，崩潰了，他完全失望了。因此，王國維帶著辮子自沉，更多是出於一種文化情結。

當年朱元璋建立新王朝時，以江南士人為主的漢族知識分子自甘為前

朝遺民，甚至有很多名士為元朝殉節。這些人的心態與王國維如出一轍，儼然把元統治者當成了中國道統的維護者。

元統一後，透過官方和民間的雙向推動，作為儒學新發展的理學，成為官方認可的意識形態。元朝的科舉考試，題目出自四書五經，經義都以宋朝理學家朱熹、二程的註疏為標準，欲科舉入仕的各族士子都必須精心研讀，這為遺民的產生提供了堅實的思想養料和心理基礎。

元、清作為「外族王朝」，其「文化遺民」現象尚且如此，作為漢族王朝的宋、明，其末期這種現象更加突出。前朝遺民的文化情結，與該朝官方意識形態的漢化程度成正比。其實在中國古代，每個讀書人心中都有一根無形的「辮子」，只是長短粗細不同而已。

讀書人的辮子

書生自編的牢籠

　　偏安西北的秦國最終能滅掉六國，一統天下，有兩個讀書人至關重要，一為商鞅，二為韓非。商鞅變法，為秦建立起高效率的國家征戰體制，兵戈所向，無不披靡。韓非的思想集法家之大成，是秦始皇嬴政建立君主專制的理論武器。然而，這兩位成就秦帝國的書生，卻都死於非命。他們在為秦王們建構帝國夢之時，也為自己編織了牢籠，最終陷入絕境。

　　重用商鞅的秦孝公去世後，其子惠文王即位。公子虔等人藉機告發商鞅謀反，秦惠文王於是派人捉拿商鞅。商鞅逃亡至邊關，欲宿客舍。客舍主人不知他是商鞅，見他未帶任何憑證，便告訴他說「商君之法」（即商鞅之法）規定，留宿無憑證的客人是要「連坐」治罪的。商鞅感嘆制定的新法竟然貽害到了這種地步。早知今日，何必當初？

　　為提供源源不斷的資源給軍事征戰，秦國對社會實行全面的控制，什伍制度便是手段之一。這是一項軍政結合的措施，還是一項人身控制的手段。秦按什伍組織將百姓編制起來。同伍之人互相有監察糾舉、告發犯罪的職責；如果沒有舉告，則要連坐。

　　家屬連坐，以戶為限，同居、同室、同戶之內，一人有罪，其餘人連坐；鄰里連坐，一家有罪，四鄰連坐。互相監察糾舉、有罪連坐的律令，最初是用於軍隊，後來與什伍制本身一樣擴大到整個社會。

　　此外，秦國還建立了嚴格的戶籍登記制度。登記在戶籍上的人口，必須為國家服役和納稅，不得任意遷徙。透過戶籍，每個人從出生一直到

死，都處於國家的控制和管理之下。因此，逃亡途中的商鞅沒有憑證，懼怕「連坐」的客舍主人不敢留宿他。商鞅為秦國人編織了專制之網，自己卻也做不了「漏網之魚」。他後來被秦惠文王處以「車裂之刑」。

　　商鞅雖死，他所推行的新法卻並沒有被廢除，而是一直影響著秦國乃至以後的秦朝。

　　如果說商鞅更多是實踐家、政治家，那麼韓非則是理論家、思想家。

　　韓非本是韓國王族的公子，曾經和李斯一起在荀子門下學習。他繼承了商鞅、申不害、慎到等人的法家思想，而自成一家之言。他建立了一套法、術、勢的理論體系，極力推崇君主集權制，主張以嚴刑苛法控制社會。韓非的著作傳到秦國，秦王嬴政看了大加讚賞。李斯向嬴政介紹了韓非。於是嬴政發兵攻打韓國，韓國迫於壓力，遣韓非入秦。韓非的核心思想之一是，君主不能信任臣下，得用權術駕馭。深得韓非學說精髓的嬴政，自然不會信任和重用韓非。韓非受到李斯等人的陷害，自殺身亡。權術陰謀理論大師死於權術陰謀。

　　韓非雖在秦國被害死了，但嬴政統一六國之後，採取的好些政治措施，卻是遵循著韓非的遺教。例如焚書坑儒、箝制思想、殘酷鎮壓人民、用術控制臣下等等，把韓非思想中陰謀殘暴的部分運用起來了。秦始皇是如此，他的兒子和孫子也都信奉韓非的學說和商鞅之法。不但秦王朝如此，後來的封建統治者都將這些奉之為圭臬。被裝入專制牢籠的，不只是廣大黎民百姓，還有一些作繭自縛、為專制制度添磚加瓦的讀書人。

一廂情願的理想

　　王朝衰敗、社會劇變之際，一些胸懷信念和理想的士人，把重建秩序的希望寄託在某個新強人身上，對其事功竭盡全力、推波助瀾。大勢已定之後，他們卻發現，結果並不是心中想要的「理想國」。

　　劉歆是西漢王朝劉氏的宗親，他生活的時期，西漢王朝已顯衰敗之勢，政治逐漸僵化，權臣把控朝政，社會政治中充斥著無力感。劉歆是思想深刻的飽學之士，他認為，如果想要恢復盛世，必須走復古之路。在他眼中，周制充滿理想主義，對醫治勢利貪婪的社會，是一劑良藥。他的觀點包括：在哲學上，推行周代的教育系統，把古文經當教材；在政治上，重新實行周代的官制，完全恢復周代的官名；在經濟上，仿照周代的井田制，重新實行土地公有制。但這些思想不被當時僵化的官僚系統所接受，他被排擠出中央，到地方任職。

　　劉歆對漢代社會的革新能力不再抱希望。他為了推廣自己的理論，投靠了王莽這個看起來更加銳意改革的人。此時，王莽為大司馬。為了讓王莽有足夠的權力推動改革，劉歆與同黨一起造勢，幫助王莽當上了安漢公，後來又助他獲得「宰衡」這個稱號。其他人也紛紛效仿，討王莽歡心，呼籲王莽當「代理皇帝」。劉歆並不希望王莽篡漢自立，只是想借助他推行改革。但事情已經失控，王莽當上了真皇帝。劉歆無可奈何，只能指望王莽繼續用自己的理論來治理國家。王莽的改革食古不化，引起社會混亂，各地揭竿而起。劉歆希望投靠新崛起的劉秀，繼續推行他的理論。

他參與了刺殺王莽的行動，但以失敗告終，他被迫自殺。

荀彧是東漢末期的傑出人才，最初他被袁紹討董匡漢的口號所吸引，投到袁紹帳下。經過短暫接觸之後，他就果斷棄之而去，投奔曹操。袁家四世三公，勢力龐大，袁紹曾無限地接近終結亂世復興漢室的目標，但隨著他的實力愈加強大，他也逐漸蛻變得只關心自身利益。

與昏聵的袁紹相比，曹操英明果斷，極具執行力；更重要是，還保持理想主義。所以荀彧竭力輔佐曹操。曹操在建安十五年（西元二一○年）末釋出的〈讓縣自明本志令〉中指出，他的終極目標是，在衰頹的國家中，重建漢王朝的權威，而在自己和家庭方面，只求能夠安全。為顯示自我約束，他放棄了四個封縣中的三個以及三分之二的食邑。這時的曹操，是荀彧眼中平定亂世、復興漢室的理想人選。荀彧基本上幫曹操攢出了完備的文官班底，荀攸、郭嘉、陳群、司馬朗等重要謀士，皆由荀彧推舉、引薦而加入，他們為曹操立下了汗馬功勞。

隨著曹操勢力一點點地壯大，群敵紛紛被滅，而曹操身上的理想主義，也逐漸凋零。曹操封公稱王，加九錫，一步步突破底線。曹操雖然有所顧忌，沒有稱帝，但很明顯，他根本沒想要幫助漢室重建威望和秩序。這令荀彧非常失望。曹操的親信董昭要荀彧草擬文告，讚美曹操扶漢匡正的功績，荀彧卻提出了反對意見。曹操甚為不悅，免去荀彧的尚書令這一有特殊影響力的職務，並將他置於自己的直接控制之下。據記載，荀彧最終憂鬱而死，也有史書說是被曹操逼迫自殺的。

劉歆和荀彧的悲劇，說明了理想和現實、士人與權力的緊張關係。士人懷抱理想，不滿現實，寄託強人革故鼎新；梟雄覬覦王權，藉助士人的知識理論和影響力。梟雄的「理想」一旦達成，士人的「理想」也就成了泡影。把「理想」託付於梟雄，大多只是一廂情願而已。

改革家的禪詩

雲從鐘山起，卻入鐘山去。

借問山中人，雲今在何處？

雲從無心來，還向無心去。

無心無處尋，莫覓無心處。

以上這兩首詩充盈著佛教的空無思想，但其作者並不是哪位高僧，而是北宋改革家王安石。這也並不是他偶爾為之，而只是其眾多禪詩之一。從改革家到佛禪詩人，從王安石身上，似乎可以窺見古代改革派和歷次改革的宿命。

王安石為了扭轉北宋積貧積弱的局勢，以其驚人的膽識和意志，發動了自商鞅變法以來最大規模的一次改革。「天變不足懼，祖宗不足法，人言不足恤」是他的改革宣言，也是他的精神信仰。這時的王安石，是何等的雄健豪邁，似乎泰山都壓不倒他。

改革必然打破傳統，調整利益格局。王安石的改革，觸犯了保守派的利益，引發強烈牴觸。兩宮太后、皇親國戚和保守派士大夫結合起來，共同反對變法。王安石在熙寧七年（西元一○七四年）第一次被罷相，復相後仍得不到更多支持，於熙寧九年（西元一○七六年）第二次辭去宰相職務，從此閒居江寧，隱於鐘山。

元豐七年（西元一○八四年）春季的一場重病，使王安石更加消沉，他覺得幾年以來經營的半山園和附近的幾百畝田產，全是一些累贅，便

把半山園改作僧寺 —— 報寧禪寺，並把在上元縣境所購置的田地一律割歸鐘山的太平興國寺所有。王安石一家，只是租住秦淮河畔一個小小的獨院。

對王安石變法，歷來有爭議，褒貶不一。變法過程中確實存在弊端和不足，由於用人不當、急於求成，出現了新法擾民損民的現象，與王安石變法的初衷「去重斂，寬農民」、「國用可足，民財不匱」大相逕庭，而且造就了一批政治投機分子。但是，任何改革都不可能是完美的，總是利弊並存、瑕瑜互見。衡量改革的關鍵，是看社會主流和歷史大勢。實際上，新法的一些措施已經取得良好效果，得到社會認可。比如「青苗法」、「免役法」、「方田均稅法」等，讓國家財政收入得到高速成長，有效減輕了農民負擔；「將兵法」讓大宋軍隊戰鬥力得到大幅提高，並在和西夏的戰爭中取得重大勝利。

但是，保守派司馬光上臺執政後，卻把新法比之為毒藥，不擇優劣全部廢除，同時還對變法派進行無差別打擊。

王安石聽說司馬光拜相，心情變得憂懼，常常繞床終夜，不能成眠。當他聞悉廢罷「市易」、「方田均稅」和「保甲諸法」時，還能強作鎮定，及知「免役法」也要廢罷，恢復以前的「差役法」時，王安石愕然失聲道：「亦罷至此乎？」他不解，「免役法」是真正的利民之法，為何也要廢除呢？

事實上，司馬光對新法的看法過於偏激，有的純粹是為反對而反對，把新舊黨爭，淪為意氣及權位之爭，不再著重於國政民生。不只是司馬光和北宋朝廷如此，古代歷次改革都沒有走出權鬥的陰影，改革派大都下場不好。前有商鞅被車裂、吳起被箭穿，後有張居正身後被抄家。專制體制中，理念之爭的實質，是權力之爭、利益之爭。

「免役法」的廢罷和「差役法」的復行，是元祐元年（西元一○八六年）春季之事，其時王安石已在病中。繼此之後，從開封傳來的種種消息，使他更加憂心如焚，病情也日益加重。

　　從五十五歲罷相到六十六歲去世的這十一年間，王安石常與高僧相伴，讀經參禪。這個時期的詩作，擺脫了早中期的功利和進取，而呈現出空靈和虛無。從鬧哄哄的官場，退到平靜的山林，王安石看到世界是空濛濛的一片。正如前面那兩首詩所寫：心中是空曠的，從哪裡來，還到哪裡去，無心尋找任何東西，這裡本來就無什麼可尋找。

　　王安石不是一個普通詩人，而是有政治抱負的改革家。與其他從官場敗退下來遁入空門的失意文人不同，王安石的這種淡漠心境，是來自看破官場名利的超脫，更是源於對改革理想的幻滅。

改革家的禪詩

神仙宰相不信神

李泌是唐朝中期的謀臣和學者。他博涉經史，精研易象，尤其喜好老子學說，經常跑到華山、終南山等地尋仙修道，搗鼓長生不老之術，終年吃素，被稱為「神仙宰相」。

李泌平生好談神仙怪異，曾當著客人的面吩咐家人打掃環境，說晚上神仙洪崖先生要來家住宿。有一次，某位侍郎送他一壺酒，他卻對客人說，這是女神仙麻姑送來的。正飲酒間，守門人稟告他說侍郎派人來取壺。他便將酒倒出，交還酒壺。面對客人懷疑的目光，他毫無愧色。

因此，時人對李泌頗有微詞，說他太迷信神仙 —— 其實這是對他的誤解，這些只是一位傑出謀臣的表象。他接連輔佐三代皇帝，幾度享有宰相之權。他二度出任於危艱之時，又多次隱退於危艱之後。他是一個歷史傳奇，前無古人，後無來者。

李泌深得唐玄宗賞識，令其待詔翰林，為太子李亨的屬官；後遭宰相楊國忠忌恨，只得歸隱名山。安史之亂時，唐肅宗李亨即位後，召李泌參謀軍事，寵遇有加；但不久，他又被權宦李輔國等誣陷，只得再次隱居衡嶽。唐代宗即位後，他被召為翰林學士，又接連受宰相元載、常袞排擠，被外放至地方任職。唐德宗時，他得以入朝拜相，參與籌劃內政外交，對內勤修軍政，對外聯結回紇等國遏制吐蕃，達成「貞元之盟」，安定邊陲，保證了唐帝國貞元時期的穩定。他累官至中書侍郎、同平章事，封鄴縣侯，病逝後獲贈太子太傅。

既能建功立業，又能全身遠禍——迷信之人豈有如此過人智慧？事實上，李泌並不信神。從他對德宗的兩次勸諫中，可以窺見他的真實內心。

《資治通鑑》上記載有這樣一件事。有人上疏給德宗說：「我遇見了戰國時期秦國的名將白起，他讓我上奏朝廷，說他要為國家守衛西部邊陲——正月間吐蕃定將內犯，他要破敵以取信。當吐蕃內犯時，被唐的邊將打敗，未能深入內地，德宗以為白起的事應驗了，要在長安為白起立廟祭祀，並贈封為司徒。李泌對德宗說：古人說國家將要興盛，聽取百姓的意見；將要敗亡，才聽從神的旨意。現在將帥立了功，陛下不表彰他們，卻要褒賞死去千年的白起，恐怕將帥們會為之寒心，渙散鬥志。如果在京師立白起廟，大事祈禱，傳到各地，將會助長巫風。由此可見，李泌不信鬼神信將帥。」

德宗建中年間，奸臣盧杞為報私仇，殺了宰相楊炎；排擠顏真卿，讓其死於叛亂藩鎮將領之手；又激李懷光反叛。談起這次之亂，德宗說：建中禍亂爆發前，術士已經預言過，請預先增修奉天城。可見禍亂是天命，不能由盧杞負責。真人面前不說假話，李泌說：天命一般人可以說，只有君王和宰相不可以說，因為君王、宰相是製造天命的。如果君王、宰相也說天命，那麼禮樂刑政還有什麼用？既然天命是人「製造」出來的，自然是不可真信的。德宗聽後表示以後不再說天命。

李泌同德宗談論白起廟、天命等問題時，表現出政治家的理智和清醒。他平時一副神乎其神，不過是謀士的障眼法和韜晦術：一方面，道教是唐朝國教，修煉道教，表面上與官方意識形態保持一致；另一方面，道家是出世之說，習道家，知進退，可以遠離官場災禍。而且，他也確實嚮往道家的生活方式——回歸自然，遺世獨立。

「三字經」成就蘇東坡

《三字經》有言：「蘇老泉，二十七，始發憤，讀書籍。」蘇老泉即蘇東坡的父親蘇洵，號老泉，小時候不想念書，二十七歲才開始發奮學習。蘇洵不但自己學有所成，還言傳身教，把兒子蘇東坡、蘇轍培養成才，其中以東坡的成就最為卓著。東坡的一生，也似乎與「三」結下了不解之緣。

宋仁宗嘉祐初年，東坡與父親、弟弟三人來到東京。由於歐陽脩的賞識和推崇，他們的文章很快著名於世。士大夫爭相傳誦，學者競相仿效。宋人王闢之《澠水燕談錄·才識》記載：「蘇氏文章擅天下，目其文曰三蘇，蓋洵為老蘇、軾為大蘇、轍為小蘇也。」、「三蘇」稱號由此而來。父子三人被列入「唐宋八大家」，成為文壇千古佳話。

東坡是一位天才的文學巨匠，文、詩、詞三個方面均取得非凡成就：散文著述宏富，豪放自如，與歐陽脩並稱「歐蘇」；其詩題材廣闊，清新豪健，善用誇張比喻，獨具風格，與黃庭堅並稱「蘇黃」；其詞開豪放一派，與辛棄疾同是豪放派代表，並稱「蘇辛」。

東坡還是罕見的文學、書法、繪畫三科全才。書法方面，他以整幅布白的自然灑脫天趣，取代以牽絲取勝為特點的晉魏風範，開創了以剛健婀娜、豐腴圓潤為風格的「蘇體」，是書法「宋四家」之首。在繪畫方面，他是中國文人畫開創者之一，尤擅墨竹、怪石、枯木三種。

東坡不僅是一個百科全書式的文人，還是一個有情懷的政治家。任職地方官時，他勤政愛民，造福一方百姓。在朝中，他有志於改革朝政，堅

持自己的政治主張。他勇於直言，對政治弊端不姑息，勇於批判社會現實，因而屢次被貶。東坡在〈自題金山畫像〉一詩中這樣寫道：「心似已灰之木，身如不繫之舟。問汝平生功業，黃州惠州儋州。」東坡總結自己的一生，用三個被貶之地進行概括自嘲。不過，正是在被貶黃州、惠州、儋州的流浪中，東坡走向了文學巔峰 —— 大部分代表作都是在這些地方寫的。

東坡的坎坷一生，一共有三個女人陪伴，巧的是她們都姓王：妻子王弗、繼室王閏之、愛妾王朝雲。王弗幼承庭訓，頗通詩書，十六歲嫁給東坡。她對東坡關懷備至，情深意篤，病逝時才二十七歲。東坡為她寫的悼亡詞〈江城子·乙卯正月二十日夜記夢〉，「十年生死兩茫茫，不思量，自難忘……」成為千古名篇。王閏之陪伴蘇軾走過了人生起落、宦海沉浮的二十五年，始終不離不棄。她陪伴東坡時，東坡跌落至人生谷底，她是東坡從失意中走出來的情感依靠。東坡被貶海南後，侍妾大都散去，只有王朝雲陪他來到蠻荒之地，她是東坡晚年生活的慰藉，是他最落魄時期的精神支柱。

東坡的成就和人格，與他豐富博大的思想密不可分。他吸取了儒釋道三家的思想精髓：他信奉儒家仁民愛物、經世濟民的政治理想，對塵世懷有熱愛，對生活抱有積極態度；他深得道家風範，生性放達、為人率真，進退自如；他鍾情佛學，與佛門弟子交往密切，在佛教思想中尋求精神的皈依。

東坡對儒釋道既揚長避短，又著意讓它們相互融通，將它們注入自己的生命中，從而形成了獨特的生命形態：有儒家之骨，卻沒有失去真性；有道家之血，卻沒有消極避世；有佛學之魂，卻沒有厭倦人生。「儒骨」、「道血」、「佛魂」共同組成了東坡完美的人格。

歸隱的險途

中國的隱逸文化博大精深，關於隱士的記載也大量充斥史書，幾乎每個朝代都有著名的隱士。他們或天性自由，鍾情山野；或沽名釣譽，欲顯先隱；或功成身退，全身遠禍。有所謂隱於朝的「大隱」、隱於市的「中隱」、隱於野的「小隱」，也有欲隱而不得的「死隱」。

是選擇聞達於諸侯，建功立業，還是選擇歸隱林泉，做閒雲野鶴，本是讀書人的自由。但這種自由，不是每個時代都有。

社會上的名望之士，是統治者，尤其是權力來路不正的掌權者極力籠絡的對象。他們妄圖以名士的歸附，來建立自己統治的正當性和合法性。但保持思想貞節的名士寧可選擇山林歸隱、粗茶淡飯，也不願屈身強權，以圖榮華。對這樣的名士，掌權者往往會惱羞成怒。因此，在這樣的時代，名士的歸隱之途，多半是死亡之路。王蠋是中國歷史上早期一個歸隱而不得的典型例子。

王蠋乃戰國時期齊國的一位著名隱士。當燕國軍隊侵占了齊國大部分領土時，燕王下了一道命令：為表示對王蠋的尊敬，任何人都不准進入他所居住的城鎮三十里以內的地方。然後他們許諾封王蠋為擁有萬戶之采邑的將軍，並威脅如果他不接受的話，就要屠殺他家鄉的居民。王蠋的回答是，因為齊王不聽他的勸諫，他只好退隱鄉下耕田，如果一定要他接受燕國的要求，那他寧可去死 —— 他最終上吊自殺。

西漢和東漢的後期出了很多著名隱士，也有不少隱士死於掌權者之

手，這與該時期的政治氣候有關。西漢和東漢的末期，外戚與宦官專權，政治走向衰敗。大道不存，加上宦海險惡，士人紛紛退隱，拒絕做官。但反覆拒絕做官的危險性，並不比在官場做官更小。

李業是西漢的一位著名學者，被朝廷任命為郎官。王莽掌權後，李業以病為由辭官。他閉門不出，不理會州郡官府要他到京師去的徵召。太守強迫他應召，讓人用擔架把他抬去。王莽任命了李業一個官職，但是他託病未到任，而是跑到山谷裡隱居去了。軍閥公孫述盤踞西部地區後，也曾徵召李業，但李業連續幾年都不予理會。最後公孫述派人帶毒藥去見他，給他兩個選擇：要麼接受顯赫的職位，要麼把這毒藥喝了。李業選擇了後者。與此相似的還有王皓和王嘉。王莽篡漢後，這兩個人都辭了官，也都拒絕響應公孫述的徵召，最終寧可自殺也不肯屈服於強權高壓。

與公孫述相比，東漢後期權臣梁冀對待那些勇於抗命的隱士更加凶殘。郝絜和胡武從漢桓帝初期開始就是朋友，都志向高遠，都對仕途不感興趣。郝絜一生高潔，從不接受別人的任何東西，到妹妹家吃頓飯臨走也要悄悄地把錢留下；在路上渴了，喝了路邊井裡的水，也要往井裡投枚錢幣。由於郝絜和胡武不理睬梁冀的徵召，梁冀大為不滿，就殺死了胡武及其親屬六十人，郝絜則被逼自殺。

東漢靈帝死後，董卓掌握了權力，更加變本加厲，即使是最著名的人士也得小心，很少有人勇於抗拒徵召，儘管他們對董卓的所作所為都不贊成。當時那些品行高潔的著名人士，如荀爽、蔡邕、韓融和陳紀等，都無法逃脫，因此都遭受了董卓之亂的災難。

大道彰顯，政通人和，固然令人神往；但如果這些只是奢望，那麼能夠守護心中的「桃花源」，做「採菊東籬下，悠然見南山」的陶淵明也不

錯，畢竟社會有選擇的自由。有包容，就有希望。東漢開國皇帝劉秀造就「光武中興」不是偶然的，他對名士嚴光一直給予極高的禮遇，直到他去世；儘管嚴光寧可過著儉樸的隱居生活，而不願接受朝廷給他的顯赫職位。當然，如果一個社會連人們想做隱士的權利都予以剝奪，那這個社會就只剩下虛妄和絕望了。

歸隱的險途

竹林七賢的不同選擇

　　魏晉之際，在山陽的一片竹林裡，聚集著一群文士，以其鮮明的人生態度和獨特的處世方式引人關注，成為魏晉時期的一個文化符號。他們就是被稱為「竹林七賢」的嵇康、阮籍、山濤、向秀、劉伶、阮咸和王戎。他們聚飲時，談玄清議，吟詠唱和，縱酒昏酣，遺落世事，我行我素。但他們的政治態度及應對環境的方法各不相同，最後結局也不一樣。

　　他們生活的時代，基本是曹魏政權開始受到司馬家族威脅並面臨改朝換代的時代。七賢中最具代表性的人物是嵇康，他打出「越名教而任自然」的旗號，公開蔑視禮教，鄙薄世俗，膽識驚人，毫無顧忌，名士都以與他同遊為幸，視他為「精神領袖」，他也是司馬氏極力拉攏的對象。

　　嵇康是一個正直的學者，痛恨司馬氏的倒行逆施；他又是魏室的姻親，在感情上同情曹魏皇室。痛苦徬徨之際，他模仿屈原〈卜居〉，寫了一篇〈卜疑〉，借虛擬的宏達先生之口提出疑問：我是竭盡忠誠在朝廷秉正執言，絕不屈服於王公權貴呢，還是小心翼翼地秉承旨意、膽怯地順從呢？是平易近人、胸懷寬容，施予恩惠而不聲張呢，還是爭名逐利，與小人苟合呢？是隱居而行義事，將一片至誠推而廣之呢，還是文過飾非、保有虛名呢？是斥責驅逐凶惡邪曲之人，始終剛正不阿、是非分明呢，還是欺世玩世，用盡心機，為他人出歪主意呢？是寧可以王子喬、赤松子這樣的仙人為伴，還是與伊尹、呂尚為友呢？是寧可隱藏鱗片的光彩，像蛟龍潛於深淵一樣，還是高飛長鳴，像雲中的鴻鵠那樣呢？……其核心內容便

是仕與隱的問題。嵇康絕不選擇與司馬氏合作，結果被構陷殺害。嵇康之問，也是其他士人面臨的問題。

劉伶有過幾次短暫的入朝和參軍經歷，但他仍然維持著邋遢作風，後來晉武帝司馬炎召他去策問，他仍然堅持宣揚無為而治，與皇帝唱反調，結果被趕走。劉伶在酒罈裡度過餘生，保留了在竹林時期的氣節。

阮籍寄情山水，不問世事。司馬氏為了拉攏阮籍，想和他結親，阮籍大醉六十天，讓提媒的人沒有機會說話。司馬炎篡位時，把寫勸進表的任務交給阮籍。司馬炎派人去取時，卻發現他趴在案上醉了，什麼都沒有寫，於是把他搖醒，讓他在醉中強行寫一篇。阮籍只好完成任務。

嵇康死後，作為嵇康密友的向秀也成了目標。為了避開司馬氏的迫害，向秀不得已應詔擔任了一些閒職。但他選擇了做官不做事，以消極抵抗的方式度過了危機，也保留了自己的氣節。

阮籍的姪子阮咸，生性放達，無拘無束，雖然掛著官職，實際上卻遠離官場，過著自己的日子。他鑽研音樂，完全不去考慮官場的勾心鬥角，只做自己喜歡之事。

山濤雖然也讀老莊，卻並不反對出仕。當初棄官，更多是出於自保，避開司馬氏與曹爽的爭鬥。一旦確定司馬氏勝利，山濤便意識到必須投靠他們，於是再次進入官場。山濤能夠識人，向朝廷進薦了大量人才。最後山濤官至司徒，安然善終；死時家無餘財，是士大夫的榜樣。

官癮最大的王戎，是七賢中的異類。他年輕時樂於參與竹林宴遊，隨著司馬氏得勢，他很快就奔赴官場。他位至司徒，晉身最高官員行列。他有很強的私心，是個財迷，購置了大量田產。後因派系之爭而失去官位，又因戰亂而顛沛流離，死於逃亡途中。

從他們七人對待現實政治的態度來看，大體上可以如此排序：王戎、山濤、阮咸、向秀、阮籍、劉伶、嵇康，越往後越排斥政治。嵇康天性難馴，反抗激烈；劉伶倔犟強硬，不肯低頭；阮籍心有原則，委蛇自晦；向秀遜辭屈跡，以求避禍；阮咸疏離政治，自娛自樂；山濤借勢出仕，以建功業；王戎依附權力，謀取富貴。

　　俗話說，林子大了，什麼鳥都有。「竹林」不大，卻盡現士人之態。一直以來，這個群體是蔑視強權、追尋自由的精神象徵，但其實我們也可以從中窺見士人面對政治和權力的複雜面相。

竹林七賢的不同選擇

謀士的境界

　　古代有個特殊的群體 —— 謀士。雄主爭奪天下，少不了讀書人的出謀策劃；讀書人想要建功立業，藉助雄主是必然選擇。謀士與君主，共享榮華者少，兔死狗烹者多。智者往往選擇功成身退，如漢朝的張良。明朝陳遇也是這樣的謀士，但遠不如張良有名。

　　在輔佐朱元璋角逐天下的謀士中，為人熟知的是朱升、宋濂、劉基等人，很少人知道陳遇。

　　陳遇是金陵人，天資聰慧，篤學博覽，精通象數之學。元朝末年，他在溫州府學擔任教授，眼見群雄競起，元朝搖搖欲墜，便棄官歸隱故里，在明道書院當山長。他平時閒居一室，讀書研學，被人稱為「靜誠先生」。

　　朱元璋攻占集慶路後，將其改名為應天府，開始徵召讀書人。當地名士秦從龍舉薦了陳遇。朱元璋與陳遇一番談論後非常高興，把他留在了身邊。陳遇輔佐朱元璋長達二十多年。在朱元璋創立明朝的大業中，陳遇參議大計，貢獻甚偉。

　　朱元璋對陳遇尊寵甚隆，稱其為先生而不指名道姓，常常賜其以酒食，並命人用皇家馬匹送其回家；後又賜轎子一頂、衛士十人護送其出入。朱元璋還三幸其家，這真可謂「寵禮之隆，勳戚大臣無與比者」。

　　古代的讀書人，莫不以加官進爵為人生目標，但陳遇是個另類，朱元璋先後八次欲授給他官職，都被他推辭掉。

　　朱元璋自立為吳王後，授陳遇為供奉司丞，官秩為次五品。陳遇辭

之。朱元璋稱帝後，先後三次授陳遇翰林院學士，陳遇均辭之。洪武三年（西元一三七〇年），陳遇奉旨至浙江巡察民情，三個月中，他深入民間了解情況，回來後便寫了一份考察報告。朱元璋看了龍顏大悅，欲任命他為中書左丞，陳遇辭之。第二年，朱元璋命其起草〈平西詔〉，並欲授其禮部侍郎兼弘文館大學士之職，陳遇復辭；又授以太常寺少卿之職，陳遇仍堅決不受；不久，又授其為禮部尚書，陳遇又堅辭。朱元璋見他自己不肯做官，便要他的兒子出仕。陳遇卻婉拒說，自己的三個兒子皆年幼，學業未成，等到將來再說。朱元璋沉吟良久，從此不再強求。

陳遇的睿智，就表現在他深知「伴君如伴虎」和「無官一身輕」。多次辭官讓他獲得了朱元璋的信任，也避免了同僚間的爭鬥和傾軋。同為立下功勳的謀士，李善長並處死，宋濂被流放後病逝。他們都未得善終。陳遇雖布衣一生，卻安享天年。

陳遇去世後，朱元璋下旨賜葬鐘山北麓。葬在這裡的，都是明代開國功臣，如徐達、常遇春 —— 不是王侯就是高官，只有陳遇是一介布衣，可見他在朱元璋心中的地位。

萬曆十七年（西元一五八九年）狀元金陵人氏焦竑在《焦氏筆乘》中稱陳遇是「今之子房」。當年張良被封留侯，他目睹彭越、韓信等功臣的悲慘結局後，才決定隱退。陳遇卻始終頭腦清醒，沒有接受封任何爵位。

陳遇不僅自己功成不居、淡泊名利，還多次勸朱元璋少殺人，少徵收賦稅。這些建議大都被朱元璋採納。明人沈德符在《萬曆野獲編》中把陳遇和劉基、宋濂相比較，說他「品之高、見之卓，有劉、宋諸公所不及者」。

陳遇不僅有大智慧，還有悲憫之心；豈止是劉基、宋濂之輩所不及，恐怕連張良也會自嘆不如。這大概就是謀士可能達到的至高境界吧。

朝有凍死「骨」

　　徐鉉是五代時期屈指可數的學者型文人，博學多才、著述頗豐。他還是一位累仕多朝、歷經宦海沉浮的政治家。就是這樣一位傑出人物，竟死於「冷疾」，即凍死 —— 不是因為貧困，而是因為理念。

　　據記載，徐鉉的病，源自他獨特而固執的穿衣習慣 —— 他一生都堅持穿漢服。南唐國破，徐鉉隨後主李煜從江南來到宋廷國都汴梁。寒冬臘月上早朝，同僚們都穿著大皮袍，他卻穿著在南方冬季常穿的薄棉襖，自然凍得瑟瑟發抖。同僚勸他穿皮襖保暖，他卻認為，穿皮衣是五胡亂華時留下的亂世風氣，自己作為堂堂天子近臣，飽讀聖賢之書，絕不能穿這種外族服裝。由此，他不可避免地染上了「冷疾」。

　　徐鉉的命運與其性格緊密相關。不幸生在亂世，他卻始終堅守自己的人格和價值觀，所撰〈晁錯論〉一文，展現了他的人生理念和價值觀。晁錯為加強皇權主張削藩，導致天下大亂，因此被漢景帝腰斬。有觀點認為晁錯是被枉殺的忠臣，也有觀點認為晁錯是咎由自取。徐鉉在文中首先肯定了晁錯的忠誠，並責難景帝的「以錯為說」；同時，他認為晁錯自身也有失臣道，為了個人功業與私人恩怨而不顧公家大義。在儒家的人格理想中，義是非常重要的元素。顧全大義，是徐鉉一生的行為準則。

　　西元九七五年，南唐危如累卵，徐鉉代表李煜出使宋廷向趙匡胤求和。徐鉉深知此行危險指數之高，此前南唐司空孫晟奉使後周被後周殺害。為了國家的命運和前途，徐鉉置生死於度外。在大宋朝堂之上，徐鉉

毫無畏懼，斥責趙匡胤發動侵略戰爭，不符合人道天理。他反覆懇請趙匡胤緩兵，給南唐一條生路。趙匡胤說出了那句暴露專制君主私念的心底話：「臥榻之側，豈容他人鼾睡乎？」

南唐滅亡後，徐鉉被迫隨後主歸宋，趙匡胤斥責他為何不早奉後主投降，徐鉉卻說，「臣為江南大臣，國亡罪當死，不當問其他」，表現出他對故國君王的耿耿忠心。趙匡胤欣賞他的忠誠，給了他官職。

宋太宗趙光義上臺後不久，李煜不明不白地死了，按照當時的禮儀，應有人寫一篇墓誌銘 —— 寫作任務交給了徐鉉。這篇墓誌銘不好寫。按墓誌銘的寫作慣例，應該把李煜抬得高一點，但這可能招來殺身之禍；如果諂媚大宋政權，把李煜貶得過低，又會違背自己的處世原則。徐鉉向猜忌成性並有害死李煜嫌疑的趙光義提出自己的條件：允許他在文中表達與李煜曾經的君臣之義。這是一個大膽的請求，也說明徐鉉有著「不以炎涼為去就」的風骨。歸宋的南唐舊臣為了自己的仕途，對李煜唯恐避之不及，哪有人敢談故主之義？但徐鉉這不合時宜的要求，從道義上而言卻並不過分，於是趙光義答應了。

徐鉉在墓誌銘中申明了李煜的無辜，字裡行間寄予了對他的無限同情，並將亡國之痛隱藏其中。大概文中用典和一些對新政權禮儀性的讚頌吸引了趙光義的注意力，他並沒有發覺徐鉉真正的情感傾向和政治態度。徐鉉再一次用執拗與正直，捍衛了自己的人格與價值觀。

孔子說：「歲寒，然後知松柏之後凋也。」挽狂瀾於既倒，是一種大力；在狂瀾既倒面前，依然鐵骨錚錚，是天地間的大勇。「路有凍死骨」揭露的是貧苦百姓的生活。作為朝廷官員，買件皮袍禦寒不是難事。再說在時人看來，穿皮袍也不是一件丟人的事。徐鉉把穿衣服上升到講政治的高度，是在向時人表達自己內心的堅守。

棄儒與繼儒

　　陳繼儒，號眉公，明代文學家、文藝批評家、書畫家，華亭人。他自小天資聰穎，二十歲時，由於才華出眾，當地縣令及當朝首輔徐階先後接見了他。但他三次參加科舉考試，結果都不理想，沒有考中舉人。二十九歲時，他燒掉自己的儒服，決心放棄仕途，歸隱山林。

　　儒生透過考試進入官場，始自漢代。漢代建立了儒教，只有學習這套理論的人，才能進入官僚體系。儒教成了廟堂的思想統治工具。隨著元代科舉考試將朱熹理論樹為正統，道學開始影響人們的各方面，社會失去了思考能力。到了晚明，占統治地位的程朱之學呈萎靡之勢，興起了高揚個性的心學。新思想喚醒了士人的主體意識，他們重視精神自由，厭惡死板的科舉人生，衝破「學而優則仕」的儒者人生方式，不再視科舉為實現自我價值的唯一途徑。

　　陳繼儒明白，再走科學考察一途，已無多大意義，局勢混濁不堪，自己即使有才能，也難以施展。很多士人為考科舉而耗盡心血，卻不能如願以償。何況僅憑一篇文章，也並不能真實全面地反映士子的水準。陳繼儒才華全面，不只詩文俱佳，還擅長書畫，而科舉考試的內容與形式單一，若在科舉考試上耗費大量的時間和精力，自己的興趣愛好難以得到發展。

　　陳繼儒隱居後，自己設館招授學生。他或吟詩作賦，或整理書籍，或品評書畫，自得其樂。但身為隱士的他，卻沒有完全忘情世事，他是身隱心不隱。他從小就飽讀詩書，十幾年的儒家傳統教育，讓他懷有強烈的濟

世理想。歸隱山林，從表面上看，是拋棄了儒家齊家治國平天下的人生理想，但實際上他依舊關心人間百姓疾苦，仍舊助人為樂，這展現出他有著知識分子憂國憂民的儒家思想。

萬曆十七年（西元一五八九年），由於天災人禍而鬧饑荒，陳繼儒上書官府請求賑災。次年，饑荒還是非常嚴重，他又多方奔走，請求支援。在他的帶動下，有人捐資十萬來幫助饑民。陳繼儒自己沒有更多資財，就叫人為吃不上飯的寒士煮粥，讓他們能夠安心學習。萬曆三十六年（西元一六〇八年），地方又鬧饑荒，陳繼儒向官府申請賑災未果，便叫人設下小小的據點，為饑民煮粥。這種做法帶動了更多人以米、豆、餅等相助饑民。由於樂善好施，陳繼儒得到了眾多百姓的愛戴，在他原先住過的澄鑑寺，寺僧為了報答他的德行，專門修了一座橋，取名為「眉公橋」，來褒揚他的善行。

陳繼儒的濟世之心從未斷絕，因而被時人冠以「山中宰相」的稱號。松江府修志，他以七十高齡任總編纂。朝廷黨爭、閹黨亂政、礦稅使擾民、女真南下、倭寇入侵，他無不關注，有時甚至為此不寐不食。他的〈賑荒議〉、〈田賦八故〉、〈三大役議〉、〈吳淞江議〉、〈建州考〉等文章，都展現了他心憂天下的儒家風範。

陳繼儒的思想，融會了儒佛道。佛道思想使他在亂世中，能夠保持淡定心態和獨立人格。儒家思想使他即使身為隱士仍然心憂天下。對儒家，他也能夠辯證地對待，既決然擺脫它的教條和束縛，又繼承和發揚其濟世愛民的傳統。這或許是陳繼儒在當時能夠引領士林風尚的主要原因。

錢謙益的隱痛

錢謙益是明末清初的文壇領袖，集學者、詩人、古文家和詩論家於一身，他對經史、釋、道都有深入研究。在學術上，他可與顧炎武、黃宗羲、王夫之三大家並列，但受政治汙點所累，後人很少提及。

錢謙益早有才名，曾經高中進士，他熱衷於仕途，但明代中後期黨爭激烈，他前半生飽受宦海浮沉之苦，一直鬱鬱不得志。

南明弘光帝登基不久，有中興再造之功的馬士英，力薦閹黨餘孽阮大鋮，卻遭到東林黨官員的反對。作為東林黨領袖的錢謙益，為了討好馬士英，甚至幻想假以他手，實現入閣執政的目的。於是，他上疏為阮大鋮說好話。有了東林黨老領袖的支持，還有馬士英的極力推薦，阮大鋮受到重用，當上兵部尚書。錢謙益以為機不可失，再投其所好，常與馬、阮一起遊宴。錢謙益的行為，遭到正直之士的鄙棄與斥罵。但小朝廷的黨派門戶之爭，並不因錢謙益的主動投靠而化解。阮大鋮急於報復東林黨，不但阻止錢謙益入閣，甚至欲置他於死地。

偷雞不成蝕把米。錢謙益勾連馬、阮，使他苦心樹立幾十年的清望頓減。弘光政權滅亡後，他立刻投降仕清，這更使他的名聲一掃而光。

聽到清兵渡江，弘光帝、馬士英、阮大鋮等倉皇出逃；只有小妾柳如是勸說錢謙益一起殉國，保持節操 —— 作為元老重臣和文壇領袖，錢謙益理應如此，但他找藉口不肯赴死。不過他也想到，一旦變節投降，就會受到指責和唾罵，他感到了那種發自內心的恐懼；尤其是面對妓女出身的

柳如是，他更感到慚愧 —— 她把操守名節看得比生命還重，而自己卻靦顏求活。

其實錢謙益降清，除了怕死之外，也有思想上的根源。他對司馬遷讚揚伍子胥「棄小義，雪大仇」十分欣賞，並不將「義」看得如何重要。他在為黃宗羲之父所寫墓誌銘裡，認同「君子愛國之心，甚於愛臣節也」，將愛國與愛節區別，對死節作了保留。何況他對明朝末代皇帝並無多少好感 —— 他仕途坎坷，幾次被削籍歸家，這都使他耿耿於懷，心中不平。

但是，他畢竟在民族危亡和朝代更替之際，做了不光彩的事情，這無論從哪個層面上，包括政治倫理和人品操行而言，都有了汙點。為此，他在降清前後的一段時間裡，不敢把自己的所作所為，寫入詩歌，載於文集。他說：「余自甲申以後，發誓不作詩文，間有應酬，都不削稿。」

這種言不由衷的話，暴露他內心有難以言明的隱痛。他非常懊惱，後悔不迭，知道難以擺脫歷史書寫的恥辱和品節毀汙的臭名，因而他不願也不敢堂而皇之地留下文字墨跡。他的詩歌作品，按年編排，秩序井然，獨缺甲申、乙酉至丙戌六月以前二年半時間裡的篇什，他把這幾年視為一塊心病，留下了空白來迴避對這段歷史。

危險一旦過去，腦海裡深烙的傳統教育便又浮了上來，「忠孝節義」四字如芒刺在背，加之輿論的指責，身敗名裂只換來個禮部右侍郎管祕書院事、充修《明史》副總裁，官職還沒有在南明朝廷的大；尤其面對親友殉國的壯烈之舉，內心的矛盾又激烈地展開了鬥爭。仕清不久，他祕密參加了反清復明活動。

錢謙益晚年撰寫的〈西湖雜感序〉中，借典故斥罵當日降清的漢奸，儘管自己也包括在內。史學家陳寅恪在《柳如是別傳》中認為，這說明錢

謙益「天良猶存」，值得同情。

　　才氣縱橫而又生性怯懦，大節有虧而又良知猶存。錢謙益的複雜性，在大劇變時代展露得淋漓盡致。

錢謙益的隱痛

袁宏道的解脫

　　史料記載，明代文學家袁宏道是推崇《金瓶梅》的第一人。此書被當時所謂的正統文人視為洪水猛獸，唯恐避之不及。但在袁宏道看來，它的價值，勝過被視為漢賦奠基之作的枚乘《七發》。這在當時不只為驚世駭俗之語。袁宏道讚賞《金瓶梅》像一幅真實生動的畫卷，細緻入微地描繪了西門慶的奢侈生活，揭示了豪門貴族的腐朽墮落。小說這種新文體，受傳統觀念束縛較少，能自由抒發真情實感，這與袁宏道的文學觀不謀而合。

　　袁宏道主張文學應該「獨抒性靈，不拘格套」，就是要在內容和形式上打破一切束縛，表現自我真實的思想感情和個性精神。他自己身體力行，四處遊歷，登山臨水，寫了很多著名的散文遊記，是重要文學流派「公安派」的代表人物，與哥哥袁宗道和弟弟袁中道一起被稱為「三袁」。

　　當時的明朝廷網羅了一大批御用文人，專事歌功頌德，文章形式講求平正，從而形成了一種新文體「臺閣體」：一味掩蓋矛盾，點綴太平，缺少真情實感，空洞無物，千篇一律。長期的枯燥、沉悶激起反彈，出現了新的文學潮流 —— 復古主義，主張「文必秦漢，詩必盛唐」，從一個極端走向了另一個極端。

　　袁宏道的「性靈說」，同時向兩種極端現象提出了挑戰。他反對一味摹擬秦漢唐宋古文，也與現實中的「臺閣體」格格不入。

　　袁宏道二十五歲中進士，後任吳縣縣令。他深切地體驗到了文學個性與官場案牘之間的對立與衝突，官職與文心的背離與乖張。他追求心性上

的自由。在寫給徐渭的信裡，他提到四種不同人生觀：「有玩世，有出世，有諧世，有適世。」，「適世」就是說要遵循內心，順應自然。這是他一生的追求。「獨抒性靈」不只是他的文學觀，也是他的人生觀。但受官場的束縛與羈絆，天然的性靈，無法流溢而出。為了獲得心靈自由，他六辭縣令之職，但都被拒絕。因為辭職失敗導致心情鬱悶，結果生了一場大病，這才如願辭官去職。

袁宏道恢復自由之後，遊遍了東南地區的名勝。山水滋養之下，他的心靈得到了極大的釋放，做官時種種壓抑的情緒，被自然美景一掃而光。他在〈湯郎陸〉一文中寫道：「湖水可以當藥，青山可以健脾，逍遙林莽，欹枕巖壑，便不知省卻多少參苓丸子矣。」蒙在「童心」之上的灰塵，由此吹拂而去，本真的性靈得以張揚。

袁宏道無拘無束的創作，開創了一代清新活潑、自由灑脫的文風。他的作品中最有影響的是山水遊記。其最突出的特點是率真，寫真實的生活，抒發真實的情感，從心間自然流溢而出。無論寫景抒情，無論敘事議論，皆筆墨靈活、揮灑自如，清新流暢、自然淳美。他的作品被賦予了自由的靈魂，達到了物我合一、情景相契的新高度。現代學者任訪秋先生這樣評價他的遊記散文：袁宏道則似乎是在和大自然談戀愛。

袁宏道把辭官之後創作的作品集取名為《解脫集》。「解脫」是多方面、多層次的解脫，包括文風的解脫、官場的解脫、身體的解脫、思想的解脫、心靈的解脫……他要解脫的對象，是一切違反人性、束縛天性的桎梏。

但他的性格，既無李贄的偏執孤傲，更無徐渭的怪誕狂放。他的解脫，本質上是追求內心的自由，一種適世而稱心的姿態。他將道、佛、儒結合在一起，用他自己的話說，就是做「凡間仙，世中佛，無律度的孔子」。

俠骨紅顏的隔代知音

　　柳如是，浙江嘉興人，生活於明末清初，才、藝、色名傳一時，與李香君、董小宛、陳圓圓等八美女同稱「秦淮八豔」。柳如是幼即聰慧好學，但由於家貧，從小就被掠賣到吳江為婢，妙齡時墜入青樓，在亂世風塵中往來於江浙金陵之間。就文學和藝術才華而論，她可以稱為「秦淮八豔」之首，留下的作品主要有〈湖上草〉、〈戊寅草〉與〈尺牘〉。陳寅恪讀過她的詩詞後，「亦有瞠目結舌」之感，對柳如是的「清詞麗句」十分敬佩。柳如是還精通音律，長袖善舞，書畫也負名氣。她的畫嫻熟簡約、清麗有致，書法深得後人讚賞，稱其為「鐵腕懷銀鉤，曾將妙蹤收」。

　　柳如是作為傳統社會一介女子，卻有著深厚的家國情懷和政治抱負。在與其往來的名士中，張溥、陳子龍、李存我均是有錚錚風骨的民族誌士，柳如是常與他們縱論天下興亡。她曾對張溥說：「中原鼎沸，正需大英雄出而戡亂禦侮，應如謝東山運籌卻敵，不可如陶靖節亮節高風。如我身為男子，必當救亡圖存，以身報國！」

　　明崇禎十四年（西元一六四一年），她嫁給大才子、東林黨領袖錢謙益作側室。當崇禎帝自縊，清軍占領北京後，南京建成了弘光小朝廷，史稱南明。柳如是支持錢謙益當了南明的禮部尚書。不久清軍南下，當兵臨城下時，柳如是勸錢謙益與其一起投水殉國，錢謙益沉思無語，最後走下水池試了一下水，說：水太冷，不能下。柳如是「奮身欲沉池水中」，卻被錢謙益硬拖住了。於是錢謙益便覥顏迎降了。錢謙益降清去北京，柳如

是堅持留在南京不去。錢謙益做了清朝的禮部侍郎兼翰林院侍讀學士，由於受柳如是影響，半年後便稱病辭歸。南都傾覆，三年間，柳如是不言不笑，不忘故國舊都，心懷反清復明之志業。她鼓勵錢謙益與尚在抵抗的鄭成功、張煌言、瞿式耜、魏耕等聯繫，全力資助、慰勞抗清義軍，這些都表現出柳如是有著強烈的愛國民族氣節。

國學大師王國維曾題詩：「幅巾道服自權奇，兄弟相呼竟不疑。莫怪女兒太唐突，薊門朝士幾鬚眉。」在王國維看來，在國破家亡的危難時刻，包括柳如是丈夫、時任南明禮部尚書錢謙益在內的那些屈膝變節的士大夫們（即詩中的「薊門朝士」），在氣節和操守方面是遠遠不如柳如是這個「下賤」妓女的 —— 這可謂一針見血，直指世道人心。

胭脂淚中凝聚著民族魂，才氣、俠氣和骨氣，在柳如是身上，可說是三者合一。奇女志與遺民心的結合，使《柳如是別傳》成為可歌可泣的女性史頌。陳寅恪可謂是柳如是的隔代知音。進而言之，此書不是簡單地為古代一位特殊女子立傳，而是「借傳修史」，以「驚天地泣鬼神的精神」撰寫的一部明清文化痛史。陳寅恪在《柳如是別傳·緣起》一文中高度評價柳如是，言明撰寫此書是為了彰顯「獨立之精神，自由之思想」。可見，陳寅恪對此書是何等看重。

作家李劼以「人格光明」評《柳如是別傳》：「《紅樓夢》於非人世界拓出一片人性天地，《柳如是別傳》從歷史深淵推出一團人格光明。」現代學者的著作，很少有像陳寅恪的著作那樣，裡面蘊含著一種巨大的精神力量和人格力量，《柳如是別傳》更是如此。這種精神力量和人格力量主要展現在兩個方面：一是「貶斥勢利，尊崇氣節」；二是「獨立之精神，自由之思想」。這是陳寅恪精神的兩個維度，也是他一生身體力行的準則。陳寅恪為柳如是立傳，既是為自己抒懷明志，也是為民族氣節和民族精神樹碑立傳。

曇花一現的臺閣體書家

　　明代初年，臺閣體書法統治書壇。該體字形方正、點畫光潔、結體勻稱、排列整齊。當時的說法是「烏、方、光」──烏，黑得發亮；方，方正，大小一致；光，光滑、流暢。善此種書風者，大多為內閣宰輔之臣，「臺閣」一詞為宰輔別稱，因而得名。

　　明初臺閣體最著名的代表人物是沈度。永樂二年（西元一四○四年），朝廷徵召擅長書法的士人進入翰林院，沈度得以入選。他奉命書寫《孝慈皇后傳》和《古今列女傳》等，其婉麗端莊的字型，令明成祖朱棣非常滿意。此後，沈度每天陪伴皇帝左右，所有詔書及御製詩文碑刻，無論是朝堂使用、內府收藏，還是頒賜屬國，都要沈度書寫。對沈度的字，皇帝愛不釋手，甚至把他譽為「本朝王羲之」。永樂朝，沈度歷任翰林院典籍、檢討、修撰、侍講學士，官位顯赫，所受賞賜不計其數。宣宗即位後，沈度被升為翰林學士，加奉政大夫銜，並特準食祿不視事。

　　臺閣體風靡朝野，宮廷書家非常受寵。其時選中書舍人，甚為破格，大抵因其善書，而可從進士、舉人乃至生員中直接擢拔為中書舍人，也可從其他職位轉任中書舍人，更有宮廷書家推薦自己的子孫、親屬而仕蔭為中書舍人。如沈度不僅薦弟沈粲為中書舍人，其子沈藻也以父蔭而成為中書舍人。

　　沈度引領了明代從永樂到弘治間一百多年的書法風潮。從永樂年間開始，因皇帝的提倡，天下士人競相模仿沈度的字型。後來的仁宗、宣宗、

孝宗幾位皇帝都對沈度的書法讚不絕口，科舉士子為求高中，無不苦練沈字，一時沈字遍天下。

然而，沈度的書法只不過是婉麗工整而已，尤其是在皇帝授意下寫的一些應製作品，只能端雅雍容，不敢追求意趣，多顯諂媚之氣，幾乎沒有藝術價值，這是臺閣體書法的通病。正因為有了「烏、方、光」三字訣，無數士子不管所習何種碑帖，最終都以此三字作為努力目標，於是形成了千人一面、萬手雷同的奇特現象。

以沈度為代表的臺閣體書法的風行，緣於皇權專制的統治需求。而專為迎合帝王口味的臺閣體，扼殺了大多數人的藝術生命，也阻礙了書法藝術的健康發展，使明初的書壇抹上了一層濃重的應制色彩。臺閣體在明代前期輝煌了近一個世紀，到弘治末年已日薄西山。這一書法潮流的衰退，反映了皇權下應制書法本身內涵的單薄，其藝術生命必然不強。

在清代，臺閣體風潮再起，被稱為館閣體。館閣體書法也是為適應皇家的欣賞口味和實際需要而形成的，擅長此道者，在科場仕途上可以大獲裨益，因此對廣大士子考生產生巨大的吸引力。乾嘉時期，館閣體書法影響迅速擴大，從官場蔓延到考場，成為科舉考試時的一項重要標準。天下學子甘心入彀，緣於館閣體書法具有顯而易見的實用價值——入仕當官。

館閣體書法與科舉考試的結合，造成書壇的特殊現象。本為國家銓選人才的考試大典，卻變成僅僅較量寫字工巧的儀式。許多有真才實學的士子，只是由於下筆偶出差錯，便被棄置不用。科舉考試不僅失掉了以文選才的實質，即使是考官們看中的書法，也不過是應規入矩、了無生趣的雕琢排列。等而下之者，學顏真卿無雄強之象，徒成墨汁滿紙；學歐陽詢無峻秀之致，只具刻板之形，根本沒有什麼藝術性可言。

有權力的加持和推波助瀾，媚俗藝術的附加值也許膨脹一時，但最終只是曇花一現。沈度等「臺閣體書家」如今知者甚少，可見「時名」不一定禁得起歷史的淘汰，是泡沫終究會破滅。

曇花一現的臺閣體書家

傳統文化中的「五味藥」

美國心理學家亞伯拉罕・馬斯洛（Abraham Maslow）將人類需求像階梯一樣從低到高按層次分為五種，分別是：生理需求、安全需求、社交需求、尊重需求和自我實現需求。假如一個人同時缺乏食物、安全、愛和尊重，通常對食物的需求量是最強烈的，其他需要則顯得不那麼重要。只有當人從生理需要的控制下解放出來時，才可能出現更高級的、社會化程度更高的需求，如安全的需求。

馬斯洛的需求層次理論，與中國傳統文化有異曲同工之處。

中國古代的思想流派龐雜，支流眾多，但大體上可歸納於五類：兵、法、儒、道、佛，其他派系或是其中一條支流的河汊，或是多條支流的融會。

兵即兵家，指軍事家或用兵之人，兵學就是在戰場上禦敵致勝的學問。法即法家，以法制為核心思想，主張透過具體的刑名賞罰來進行統治，少不了權謀之術。儒家則主張仁與禮，由內聖而外王，透過內體心性成就外王事功。道家主張清心寡慾，無為而治。佛家則認為萬物皆空，一切都是徒勞。

如果以「入世」程度和主觀積極性來衡量，從兵家到法家，再到儒家，最後到道家和佛家，即兵、法、儒、道、佛，構成依次遞減的邏輯關係。越靠前，越「入世」，越現實；越靠後，越「出世」，越超脫。

春秋戰國時期，諸子百家爭鳴，思想學術空前繁榮。秦一統天下後，

法家獨享廟堂。雖然從漢武帝「罷黜百家」開始，儒家便一直是國家和社會的主流意識形態；但其他思想流派在一定範圍內或多或少存在，有時它們的作用甚至也會突顯出來。

國家處在不同階段或不同環境，所需要的思想支撐不同。或者說，面臨不同的困境，遭遇不同的病症，需要不同的藥方。兵、法、儒、道、佛，好像五味「思想藥」，被用來醫治不同的病症。

如果一個國家正處亂世，國力弱小，而且強敵環伺、蠢蠢欲動，提升軍事力量和策略思想水準則是當務之急，兵家和法家思想應成為國家的主流意識形態。當年孟子面見梁惠王（即魏惠王）時，梁惠王就問孟子：先生不遠千里而來，有什麼對國家有利的政策可以教我嗎？孟子以「仁義」而對。此時正處戰國亂世，禮崩樂壞，弱肉強食，梁惠王亟須富國強兵之策，自然不會對高大上的「仁義」感興趣。如果整個社會意識頹廢，末世心態氾濫，則需要積極進取的儒家思想來提升社會士氣，鼓勵建功立業，否則國將不國。當然，如果社會奢靡之風盛行，道家的回歸自然和佛家的崇尚簡樸思想，都是一劑良藥。

對症下藥的典型例子是西漢初期的無為而治。西漢統治者面對秦朝暴政和多年戰爭留下的爛攤子，採取了道家的無為而治，輕徭薄賦，讓老百姓休養生息，對他們不過多干預，充分發揮他們的創造力，致使國力大增，使後來的漢武帝能夠有實力對付匈奴的外部威脅。

國家如此，個人亦然。每個人處在不同人生階段和不同環境，也需要不同的思想支撐。范蠡早期輔佐勾踐富國強兵，依憑的自然是儒家和法家之術；隨後在征討並滅亡吳國的過程中，他搖身一變，成了軍事家。范蠡心裡明白，勾踐只可共患難，不可共富貴。最後范蠡功成身退，逍遙江

湖，儼然道家風範。如果當年范蠡貪戀榮華富貴，繼續留守廟堂，難免不像文種那樣，落得個兔死狗烹的下場，也不會有後來的鉅富陶朱公了。范蠡是傳統智慧的集大成者，他的一生，是亦兵亦法亦儒亦道的一生。

　　曾國藩早年精研儒家經典，熱衷科舉，以此作為進身之梯。進入官場後，又熱衷法家的申韓之學。後來他受命領兵打仗，兵法是他的常讀之書。蔡鍔摘錄曾國藩與胡林翼的論兵言論編成的《曾胡治兵語錄》成了兵學經典。當初曾國藩創辦團練遭遇挫折時，想到了老莊，一遍又一遍讀《道德經》，終於頓悟進退之道。他一改早年一味冒進的心態，以柔克剛，亦進亦退，以退為進，終成一代中興名臣。

傳統文化中的「五味藥」

「春秋」的大言微義

　　《春秋》本來是一部關於魯國的史書，但因編撰者孔子是聖人，有人相信書中每一個字都隱藏著人世間的大道理，正所謂「微言大義」。而亞聖孟子的「孔子成《春秋》而亂臣賊子懼」之說，更是將這部史書神化了。它不但被列入儒家經典，還居然成了判案依據的「法典」，是謂「春秋決獄」──用書中的微言大義、倫理法則來判決各種刑案。

　　這方案的首倡者是西漢董仲舒──由於當時律法不周密，難以解決所有的政治與司法案件，因而信奉以儒治國的漢武帝便對此欣然接受了。由於「春秋決獄」是按照動機以及倫理道德來定罪量刑的，具有很大的主觀性、模糊性，尤其是將道德和法律的界限模糊化，為後世的「文字獄」等以統治者的主觀意願斷案，甚至只是為懲罰某人而定罪提供了依據。「春秋決獄」由最初為彌補立法不足而採用的技術手段，衍變為被肆意濫用的政治工具。

　　歷代統治者大多口含天憲，言出必稱「春秋大義」，但用學者熊逸的話來說：「不知到底有多少是真正的『《春秋》』的『大義』。」所謂「大義」，有時只不過是大言不慚的自我標榜，掩不住堂皇語言下面藏著的「小」──統治者及弄權者的一己之私。

　　正如前文所言，《春秋》含義的模糊性為統治者提供了大量的自由裁量權。酷吏張湯在決獄時，常常根據皇帝的喜好查詢經書，然後制定新的判例。「腹誹之罪」就是張湯根據漢武帝的需求發明的。

《春秋左傳》書影

　　掌管財政的大司農顏異，對朝廷的貨幣改革提出質疑，漢武帝聽了很不爽，但此事屬於朝議，不好定罪。他就派張湯尋找顏異的其他毛病。這時，有人私下對顏異說皇帝政策的壞話，顏異並沒有表態，只是抿了抿嘴唇。張湯知道後，立刻上奏，說顏異對政策不滿，卻不公開告訴皇帝，反而在私下裡表達不滿。張湯認為，顏異雖然沒有說話，但心裡實際上是贊同朋友的，肚子裡瞎嘀咕，是「腹誹之罪」。張湯的依據就是《春秋》中的「原心定罪」，即以人的主觀動機、意圖和願望作為判案依據。顏異最終被殺。在皇帝及其鷹爪眼中，「春秋大義」只不過是消滅異見者的私器工具，哪有什麼真正的大義可言。

到了西漢後期，「春秋決獄」堂而皇之地成為君王亂法和官員弄權的合法外衣，法律體系更加紊亂，司法腐敗更加嚴重。宋元之際的學者馬端臨在《文獻通考・經籍考》中說，「漢人專務以春秋決獄，陋儒酷吏遂得以因緣假飾」，可謂公允之論。這種司法裁決方法對漢代法制的根本性破壞，甚至比秦帝國一斷於法的法家專政更具殺傷力。

　　「春秋決獄」後來擴大到「經義決獄」，即除了《春秋》外，《詩》、《書》、《禮》、《易》中的思想也用作判案的依據。「經義決獄」在兩漢時期普遍推行，魏晉南北朝時期形成明確的法律制度，直至唐朝儒家思想和法學完全結合在一起，禮法合一，「經義決獄」基本結束，但對少數疑難案件，唐代仍以經義決之。南宋以後，這種實際判例就很少見於記載了。

　　即便如此，「春秋大義」之說卻一直延續下來，一方面，它成為勇毅志士追尋和獻身正義的精神動力；另一方面，卻被弄權者當作打擊政敵、排除異己、報復陷害的「政治大棒」，或被梟雄鉅奸用作篡權竊國的漂亮口號。

「春秋」的大言微義

從妾婦之道到婆媳文化

　　有位家長在看到女兒國二的國文課本時，肺都氣炸了，「無違夫子，以順為正，妾婦之道也」，這樣的句子要求學生反覆誦讀，注釋和課後的練習題也沒有引導學生進行反思。他認為，這是宣揚「順從丈夫是妻妾之本分」的落後思想，是在毒害當代青少年。

　　其實這位家長誤解了。此話源自《孟子·滕文公》，在這篇對話錄中，有人認為公孫衍、張儀能夠左右諸侯，挑起國與國之間的戰爭，「一怒而諸侯懼，安居而天下熄」，是了不得的男子漢大丈夫。孟子卻認為，公孫衍、張儀之流靠搖唇鼓舌、曲意順從諸侯的意思往上爬，沒有仁義道德；因此，他們不過是小人，奉行的是「妾婦之道」，哪裡談得上是大丈夫呢？孟子意在批判一味順從、在權和利面前毫無原則的嘴臉。

　　孟子極力批判的「妾婦之道」，卻被歷代專制王朝奉為圭臬，將其引入社會政治生活，成為專制社會維繫等級制的規則，以維持皇權統治地位和國家機器的運轉。歷代王朝法律中關於抗旨、大逆、大不敬、犯上等條款，使一切下級望而生畏。臣子對皇權、下級對上級的敬畏、馴順、服從，成為下屬的最高道德信條和言行準則。

　　古語說，窮則獨善其身，達則兼濟天下。而一些人在窮時盡順從之態，達時卻飛揚跋扈。雜文家柏楊稱之為官場的「婆媳文化」現象 —— 苦命「媳婦」熬成「婆」後，不但不優待苦命的「媳婦」，反而比原來的「惡婆」更凶暴地虐待「媳婦」，以從心理上獲取補償。這裡的「媳婦」，與前

面的「妾婦」同義。

隋朝幽州總管燕榮，性情嚴苛殘暴，常常鞭打左右官員，每次以一千鞭為單位。曾經在路旁見到荊棘，命人砍下製造刑杖，然後用人體做試驗。挨杖者訴說無罪，燕榮說這次等於預支，以後有罪時可以抵消。那人想，反正可以免刑一次，便認了。不久他真的犯了罪，誰知燕榮說，沒有罪還打，何況有罪？照樣杖打。

元弘嗣調任幽州總管長史，成了燕榮的下屬，他很害怕，堅決辭職。皇帝特下令給燕榮：元弘嗣如果犯的罪需責打十鞭以上的，要先奏報批准。皇上有明令，燕榮不敢違背，於是派元弘嗣監收倉庫粟米，如果顆粒不夠飽滿，或揚起來仍有穀皮的，立刻處罰。雖然每次鞭打，都不滿十下，但一天之中，甚至有打三四次的情況。雙方怨恨日深，燕榮索性逮捕元弘嗣，囚禁監獄，不准家人送飯給他。皇帝實在看不下去，命燕榮自殺。

深受酷吏之苦的元弘嗣，按理說應該體恤下屬和民眾，但等他熬到接任燕榮的官位後，卻比燕榮的殘暴有過之而無不及。他每次審訊囚犯，都要用醋灌入囚犯鼻中，或者摧殘其下身。皇帝委派他負責監造戰船，各州派去服役之人都備受他的折磨。他令官兵督役，使丁役們晝夜站立於水中勞作，勞工們「自腰以下，無不生蛆」，死者無數。

燕榮、元弘嗣是極端例子，但「婆媳文化」在古代官場普遍存在。古代社會是等級社會，人人處於等級中的特定地位，除皇帝外，其他的每個人既是「主」又是「奴」——在上級面前是「奴」，在下級面前是「主」。

風吹草動的隱喻

關於君民關係，歷史上最著名的論斷，莫過於唐太宗李世民的「水可載舟，亦能覆舟」了。君，舟也；民，水也。民心向背事關江山社稷，李世民這句話成為後來不少明君常常掛在嘴邊的治世警言，明智的大臣也常常用它來勸誡昏君庸主。「舟與水」的政治隱喻，對中國歷史的影響至深至巨。遺憾的是，另一個同樣有積極意義的政治隱喻，卻淹沒於歷史塵埃之中，鮮為人知，那就是把君民關係比為「風與草」的關係。

中國最古老的歷史典籍《尚書》記載，周成王這樣闡述自己關於君民關係的理論：「爾唯風，下民唯草。」周成王的意思是，君主是風，民眾是草，草隨風動，風朝哪邊吹，草就朝哪邊倒。

把君與民的關係比為風與草的關係，也見於《毛詩正義》的首篇：「風，風也，教也。風以動之，教以化之。」又說：「君上風教，能鼓動萬物，如風之偃草也。」這些話幾乎就是對周成王「爾唯風，下民唯草」的注釋。

同樣的意思還可見於《論語‧顏淵》。孔子對前來問政的季康子說：「子欲善而民善矣。君子之德風，小人之德草，草上之風，必偃。」孔子認為，只要君主一心向善，民眾自然會隨之向善。君主為政之德若風，小民從化之德如草，加草以風，無不倒伏；猶如化民以政，無不追隨。孔子試圖透過「風與草」這個比喻，勸誡季康子謹守正道。可見，在君民關係問題上，孔子也持有與周成王相同的見解。

《尚書》書影

　　《尚書》、《詩經》、《論語》是中國早期最重要的文化典籍，既然它們都認同「風與草」的隱喻，那就意味著以「風與草」的關係來比附君與民的關係，在中國早期是一種普遍的政治觀念。雖然這種觀念在秦以後的典籍中已很少見到，也沒有在後來成為普遍的政治觀念，但儒家的「內聖外王」理念與這種政治觀念是一脈相承的，都對為君者提出至高的道德要求。君德決定民德。春風勁吹，萬物煥新；寒風凜冽，寸草不生。

　　小時候看過一本連環畫，故事寓意深刻，至今記憶猶新。古代有個國王，長得又矮又胖又黑，奇醜無比。剛從老爸手裡繼承大統時，他面對滿朝的帥哥大臣，感到很痛苦，很孤獨。為了擺脫心魔，他想出一個「絕妙」的辦法，將顏值高的大臣紛紛罷官，而把醜八怪陸續納入朝廷，長得越醜越能居高位。一時間，朝廷上群醜咸集，國王陶醉其中，不亦樂乎！

整個國家以醜為美。全國上下，帥哥為了改變自己的基因，為後代謀個好前程，紛紛挑長得難看的女子做老婆。君王以醜為美，民眾也會以醜為美。正所謂風吹草動，草隨風倒。

而從歷史上看，文景之治、貞觀之治、康乾盛世，是公認的古代社會經濟發展較為充分的時期，也是社會風氣較好的時期。統治者勤政愛民、戒貪戒奢，對引導社會風氣，促進社會發展造成了積極的作用。

現代社會沒有了皇權和君主，掌握國家權力的是各級官員，風即官也，官員乃民眾之榜樣，官正則民正，官邪則民邪。若官員忙於腐敗，紙醉金迷，又怎能要求民眾道德高尚？若道德敗壞者吃香喝辣，而保持良知和底線的人粗茶淡飯，價值導向錯亂，又怎能使社會風清氣正？「風與草」不止隱喻古代君民關係，於今天仍有警示意義。

風吹草動的隱喻

美是一把雙刃劍

《紅樓夢》第六十四回，林黛玉自謂：「曾見古史中有才色的女子，終身遭際令人可欣可羨可悲可嘆者甚多。」便以五位美女入詩，以寄感慨，賈寶玉題之為〈五美吟〉，其中一首是詠嘆西施的：

一代傾城逐浪花，吳宮空自憶兒家。

效顰莫笑東村女，頭白溪邊尚浣紗。

關於西施的故事，大家耳熟能詳。越王勾踐為復國雪恥，將西施訓練三年後，獻給好色的吳王夫差，使受媚惑，以亂其政。越國滅吳後，吳人沉西施於江，以報被夫差沉屍於江中的伍子胥。林黛玉詩的前兩句，是寫西施的人生際遇和心境：她在吳王宮中雖受寵幸，卻禁不住思念兒時的浣紗溪畔；她想要的不是這雕欄玉砌、紅牆綠瓦，而是舊時鄉土、往日情懷；她知道，她的傾國傾城之色也終究會逐浪花流水而去。

詩的後兩句則談到典故東施效顰。相傳西施家鄉的東村有個女子，貌醜，人稱東施，因見西施「捧心而顰（皺眉）」的樣子很美，她也學著捧心而顰，結果反而更醜。後人把東施效顰當成笑柄。

唐朝詩人王維在其詩作〈西施詠〉中說：「當時浣紗伴，莫得同車歸。持謝鄰家子，效顰安可希？」意思是說，昔日一起在越溪浣紗的女伴，再不能與她同車去，同車歸。奉告那盲目效顰的鄰人東施，光學皺眉怎能就希望別人賞識呢？不僅如此，王維又在詩作〈洛陽女兒行〉中說：「誰憐越女顏如玉，貧賤江頭自浣紗。」在他眼裡，西施無疑比東施幸運。西施在

吳宮享盡榮華富貴，而她的舊伴東施，卻仍需辛苦浣紗度日。

但林黛玉的觀點與王維相反，在她看來，西施命運之不幸，遠在「東村女」之上。當年浣紗的女伴一生不曾遠離故土，在溪邊日復一日地過著浣紗的生活，直到年老發白。東施這種樸拙的人生、平凡的幸福，遠勝在殘酷政治鬥爭中香消玉殞的西施。

這是林黛玉（實際上是曹雪芹）的切膚感受：在她眼裡，不管是金碧輝煌的吳王宮，還是白玉為堂金作馬的賈府，都只是囚禁身心的牢籠、埋葬幸福的墳墓。

西施、王昭君、楊玉環……人們記住了她們的沉魚落雁、閉月羞花之美，但誰能真正體會到她們的身心之苦？美對女子而言，是一把雙刃劍，在給予她殊榮的時候，亦把她推入不幸之中。回眸一笑百媚生的楊玉環，最終自縊於馬嵬坡梨樹下，成為唐玄宗荒政的祭品。即便是因漢匈和親而名垂青史的王昭君，其結局並不比楊玉環好。

作為女人，昭君是不幸的。史書上這樣記載：「漢元帝建昭元年（西元前三十八年），昭君被選入宮。入宮數歲，不得見御，積悲怨」。西元前三十三年，匈奴單于請求和親，昭君自願遠嫁。在匈奴大漠，昭君先嫁呼韓邪單于。三年後，老單于去世，依習俗昭君應嫁老單于的長子，也就是她的繼子復株累單于──這是深受漢文化薰陶的昭君難以接受的，加上思鄉心切，昭君向漢廷上書求歸。漢成帝卻敕令「從胡俗」，昭君不得不再嫁復株累單于。新單于為了鞏固自己的權位，防止他人篡奪，殺掉了同父異母的兄弟──老單于和昭君所生之子。復株累單于去世時，昭君才三十三歲。思鄉之苦，下嫁繼子之辱，親子被殺之痛，最終壓垮了昭君，不久她服毒自殺。

昭君有詩作傳世：「高山峨峨，河水泱泱。父兮母兮，道里悠長。嗚呼哀哉，憂心惻傷。」這正是她身處大漠時悽苦心境的真實寫照。此時的昭君，是不是後悔進入漢宮，遠嫁匈奴，而情願如東施一般過著平凡而安逸的小日子呢？

　　高處不勝寒。姿色、財富、權力都是如此。你擁有的越多，面臨的機遇越多，遭遇的陷阱可能就越多。你憑倚的資本越豐厚，付出的代價可能就越高。這是人生的辯證法。

美是一把雙刃劍

皇上「殺熟」有玄機

　　劉邦坐上皇位後，對一起打天下的功臣動了殺機：誅彭越，屠韓信，斬英布，囚蕭何……昔日勇砸秦始皇御車的張良，也被嚇得退隱江湖。功臣有此遭遇，一方面因為功高震主，另一方面也因他們跟皇上太「熟」了。

　　在建立漢帝國的慶功宴上，劉邦的部下們上演了一場鬧劇。他們調戲宮女，甚至在大殿上拔劍亂砍。在這些人面前，劉邦完全沒有皇帝的威嚴。劉邦，農民出身，為人大方，結交了一幫朋友。後來劉邦帶著他們打天下，出生入死，一起喝酒吃肉，不拘小節。劉邦當上皇帝後，多年習慣使然，這幫草莽兄弟還像以前一樣肆無忌憚；可畢竟今非昔比，劉邦心裡很不爽。雖然他採取叔孫通的建議，制定了尊崇國君、抑低臣子的禮儀制度，讓他體會到了做皇帝的尊貴，但這只是形式上的。這些兄弟與劉邦一路走過來，大家互相知根知底，在他們眼裡，劉邦以前不過是一個好逸惡勞、說大話、好色的社會混混，用現在的話說，只不過是「被風吹起來的豬」，沒有任何神祕感，因此難以有發自內心的崇敬。

　　帝王維護專制統治依靠兩樣東西：暴力和天命。所謂天命，不過是御用文人編造用來詆天下人的，但騙不了昔日一起摸爬滾打的兄弟 —— 劉邦心知肚明，這是他走向集權難以踰越的障礙。由此，知根知底而又位高權重的功臣們，自然成了他的眼中釘，必除之而心安。

劉邦像

　　誅殺功臣最極端的例子是朱元璋，劉邦與他相比，是小巫見大巫。朱元璋的出身比劉邦更低微。劉邦畢竟當過泗水亭長，而朱元璋則討過飯，當過和尚，睡過墳地，因此他比劉邦更加自卑，對自己的過去更為敏感，在昔日「熟人」面前更加不自信。

　　劉邦誅殺目標主要是武將，朱元璋是武將文臣都不放過。他先以胡唯庸「逆謀」入罪，株連殺害近四萬五千人；又藉口藍玉欲圖謀反，大肆執行株連，死者逾一萬五千人。胡、藍兩案，涉及功臣數十家。有功武將大多被冤殺，李善長等著名謀士文臣也未能倖免。

　　當然，打天下者並不都像劉邦、朱元璋這樣大肆屠殺功臣，著名的有李世民、趙匡胤。是否嗜殺功臣與帝王的性格有一定關係 —— 生性殘暴或寬仁，影響到對功臣的態度；但正如以上所分析，發揮更大作用的還是帝王的出身和起事過程。

　　李世民出身豪門大族，是世家公子，其政治資源與生俱來，這在傳統意識形態中也喻示著一種天命。李世民與部眾之間本來就有嚴格的等級之別，不像劉邦、朱元璋與同夥之間那樣「熟」。部屬對李世民一直敬畏有

加，更不敢有輕慢之舉。他們認為，李世民帶他們打天下享榮華，是天大的恩賜，因此難以產生不臣之心。不管是打天下的過程中，還是在皇位上，李世民一直都是絕對權威，無需用屠刀來從心理上確定和強化他與部屬的等級關係。李世民統治時期，君臣相處融洽。

趙匡胤的情況與李世民類似，他本來是後周大將，位高權重，受部屬擁戴而黃袍加身。他一言九鼎，根本無需血洗官場。杯酒釋兵權，不僅是政治智慧的展現，更是當時情勢使然。

由此可見，有的皇帝誅殺功臣，不只是為了除掉皇權的潛在威脅，也是為了重塑新的等級秩序。奪天下無疑充滿血腥，重塑集團內部秩序也大多如此。除了李世民、趙匡胤，善待功臣的還有東漢劉秀等，他們為血腥的歷史平添了一點亮色。

皇上「殺熟」有玄機

皇權的左膀右臂

作為讀書人的儒生，一直處境尷尬。春秋時期，孔子跑遍全國，在陳蔡之間差點餓死。戰國時期，燕國內亂，孟子建議齊國進攻燕國，趁人之危、落井下石，連這麼不仁不義的主意都出了，也沒當上官。秦始皇對付儒生的方法是挖個坑埋了。漢高祖劉邦摘下儒生的帽子往裡面撒尿。徹底改善儒生社會處境的，是漢武帝劉徹。

雄才大略的武帝一即位，就詔舉賢良。親自策問後，拔儒學大師董仲舒為第一。他接受董仲舒「罷黜百家，獨尊儒術」的建議，創太學，置五經博士。董仲舒「天人感應」的神學理論、「三綱五常」的道德論，象徵新儒家思想的形成。董仲舒還以「春秋大一統」為漢武帝強化皇權做了理論準備。他的學說符合漢武帝「內多欲而外施仁義」的性格，很合理地成了漢王朝的主流思想。儒生們的地位自然也水漲船高，紛紛當起了官。尤其是博士弟子制度，使儒生當官制度化，給了儒生們一條穩定的升官發財之路。

一個王朝要維持穩定，不能沒有合法性的建構。這正是漢武帝重視儒生的用意所在。尤其是當時漢王朝內部，缺少一種統一人心的治國理論，從上到下都面臨著深刻的思想危機。漢初先輩無為而治的黃老思想，在這方面顯得無能為力。因此，必須建立一個新的思想體系。這個重任，自然就落到儒生的身上。

但光有儒生還不夠。合法性的建構，又必須有強力作為後盾，以便能

制裁那些不聽話的人。武帝比父輩更加重用具有法家背景的酷吏。

當時著名的酷吏有張湯、趙禹、周陽由、王溫舒、杜周等。王溫舒殺河內豪強，流血十餘里，株連千餘家。杜周為廷尉，專奉人主旨意為獄。武帝還讓張湯、趙禹等人條定刑法，以致律文冗繁，官吏因緣為奸，往往「罪同論異」。奸詐的官吏會憑藉事情的由頭進行交易，他想讓你活，就會給你一套可以活下去的理由；他想讓你死，就拿一套死的理由往你身上堆。這導致酷吏嗜殺成性、妄殺無辜。

武帝時期的刑罰，手段殘酷，數量多，規模大。清代史家趙翼在著作《廿二史札記》專科撰〈武帝時刑罰之濫〉一節，其中有這樣的記載：俸祿二千石的官員，被廷尉羈押的，百餘人；其他審理定案的，一年達到一千餘件案宗。大的牽連拘捕與案件有關的幾百人，小的幾十人；遠的幾千里，近的幾百里。罪犯帶到以後，獄吏按照案宗審問，不承認就透過拷打得到想要的口供。京城監獄關押的達六七萬人，僅獄吏就增加十萬多人。

儒生也好，酷吏也罷，都只能滿足單方面的需求，漢武帝最需要的是「全才」。因此，身兼儒生與酷吏的公孫弘受到重用，成為漢武帝時由儒生任丞相的第一人。公孫弘少為獄吏，年四十餘始學《春秋》雜說，又習文法吏事，緣飾以儒術，為人圓滑狡詐，外寬內忌，睚眥必報。在一次對策中，漢武帝擢「明當世之務，習先聖之儒者」公孫弘為第一，隨後迅即升其為丞相。他事君奉命唯謹，善於察言觀色，唯漢武帝馬首是瞻，以八十高齡死於丞相之位。在他之後的六位丞相，除一人因「醇謹」壽終正寢外，其他人都因種種原因死於非命。

公孫弘受重用成為政壇常青樹，是漢武帝治國理念與手段的生動展現。漢武帝表面上「獨尊儒術」，實為儒法並用、外儒內法──儒家思想

為外飾，法家手段為核心。公孫弘是外儒內法的典型代表。

　　一直以來，儒家被當成是古代中國兩千多年的「正統思想」，這只是表象。儒家與法家，或者說，儒生與酷吏，是帝王的左膀右臂，維護統治缺一不可。漢武帝是左手儒生、右手酷吏的典型代表，他將之運用得爐火純青；在統治者眼裡，儒家是用來「說」的，法家是用來「做」的。說了的不一定做，做了的不一定說，這使不少人對中國古代的「正統思想」存在誤解。

皇權的左膀右臂

女皇的佛寺旋轉門

　　在中國古代，宗教不像西方那樣在政治生活中占有優勢，而是匍匐在權力之下。皇權與宗教的關係，有兩種極端情形：或把宗教奉為國教，當作官方意識形態，如唐朝崇道；或視宗教為異端邪說，極力打壓，如周武帝禁佛。而只把宗教當工具，出入宮門與佛門，周旋輾轉於佛道之間的，大概只有女皇武則天了。

　　武則天原本是唐太宗李世民之妾。唐高宗還是太子時，就垂涎於她。高宗登基不久便將被迫出家的武則天接回來。從佛門到宮門，從尼姑到皇后，武則天實現了華麗轉身。在高宗的寵幸下，武則天掌握了朝政實權。武則天當過尼姑，在信仰上似乎傾向於佛教；但在初期，她是追隨李唐皇帝尊崇道教的。

　　道教因其始祖老子姓李，而被李唐王朝奉為國教。高宗時期，武則天作為皇后，積極參與崇道活動。她建議文武百官及天下舉子一律學習老子的《道德經》。於是，上自王公，下至百官，人人都學《道德經》。武則天為了追悼死去的母親，讓女兒太平公主做道士當女冠。

　　武則天還利用道教進行皇室政治鬥爭。她為了讓自己的兒子李弘繼承皇位，命道士抄寫《洞淵神咒經》，意在利用經中「李弘當王」的讖言。武則天拿這個讖言，作為李弘繼位合乎「天意」的證據，並隨後殺掉原太子李忠。

　　高宗死後，武則天獨攬大權，急於稱帝，但感到道教是個障礙。經

過唐初六十餘年的崇奉和宣揚，道教教主老子作為唐王朝的「護國神」形象，已深入民心，人們利用老子來反對武則天的篡權陰謀。武則天便想方設法削弱道教的地位，貶低老子的形象，以打擊唐王朝。同時，武則天編織一套新的政治神話來神化自己。

當時佛教在社會上已有廣泛的影響，僧尼對朝廷崇道抑佛也有所不滿，這成為武則天可以利用的社會力量。武則天暗中指使武承嗣等人偽造刻有「聖母臨人，永昌帝業」的所謂瑞石，對外宣稱是從洛水獲得的。武則天把這塊瑞石稱為「天授聖圖」，也自封為「聖母神皇」。不久，又在汜水得到一塊瑞石，銘文暗示武則天是「化佛空中來」，應當取代李唐為女主。僧人法明等偽撰《大雲經》四卷，稱武后「乃彌勒佛下生」，當為人世之主。武則天向天下頒發《大雲經》，命令各州設定大雲寺。在武則天的授意下，這些編造的符瑞和神話，都為她代唐稱帝做了輿論準備。

武則天建周稱帝後，在全國大力崇奉佛教，推翻自己從前的「建議」，命令天下舉子停止學習《道德經》，取消老子「玄元皇帝」的封號，恢復「老君」的稱謂。

儘管武則天出於政治原因，對尊奉老子的道教不感興趣；但對擅長方術、研究長生的道士，她私底下是歡迎的。她召道士入宮，當面求教養身長生之道，並委以煉製丹藥進呈宮內的特殊任務。她甚至向道教神祇祈禱，求福免禍，保佑長命百歲。

佛教主張禁慾戒色，武則天卻以佛教作掩護，來滿足自己的私慾。薛懷義原是一個市井無賴，因生得英俊挺拔，被盛年寡居的武則天看中。為了掩人耳目，武則天安排薛懷義到白馬寺出家為僧，並對外謊稱是駙馬的叔父。這樣，薛懷義便以僧人和名門的身分，堂而皇之地出入後宮，充當

武則天的男寵。武則天也常以拜佛為名，來白馬寺私會薛懷義。這真是一個莫大諷刺。

　　無論是道教還是佛教，武則天都不是真正地信仰，她信仰的是權力。早年崇道是為討得高宗歡心，以提高自己的地位；後來抑道崇佛，是為了編織自己稱帝的合法性。

　　武則天對宗教採取實用主義的態度，有用則用，無用則棄，歸根究柢是為其政治意圖服務。武則天通往女皇的道路，既是一條殺人之路，也是一條操弄宗教、編造神話之路。一些研究者往往把注意力放在前者而忽略了後者。

女皇的佛寺旋轉門

清廷坐穩天下有「兩手」

　　西元一六四四年，即大明崇禎十七年，農民軍攻破北京城，崇禎帝自縊於煤山，按理說李自成應該坐定了江山。誰料半路殺出程咬金，紫禁城的皇帝寶座竟讓「第三者」——清人給莫名其妙地奪了過去。長熟的「桃子」被人摘了，李闖王成了最窩囊的起義軍領袖。而「第三者」占據紫禁城竟長達兩個多世紀，其中玄機何在？

　　清人在入關前後，對漢族王朝政治體制和意識形態等「合法性資源」一直在努力學習、認真鑽研，很重視發揮漢族知識分子的作用，洪承疇、范文程等漢人為清人入主中原立下了汗馬功勞。每次機會到來時，清人都能充分運用漢族意識形態資源，收攏人心。在這方面，清廷比元朝做得高明。輕視漢文化的元朝統治中原還不到百年。

　　古代漢人相信天命，於是，清人在農民軍攻破北京後，馬上打著替明朝報仇的旗號進入山海關。占領北京後，清廷便以帝王之禮隆重改葬已入田貴妃墓的崇禎帝，令臣民服喪——自己儼然就是明朝的繼承者。

　　清人還緊緊抓住「救民」、「安民」這二條漢族統治的「祖訓」不鬆口。入關前，即宣稱「此行除暴救民，滅賊安天下，勿殺無辜，勿掠財物，勿焚廬舍」。多爾袞採納洪承疇的建議，嚴明軍紀，改變了清軍以往搶掠財帛所形成的令人恐怖的印象，而以新的面目出現，扭轉了「順民心，招百姓，我不如賊」的不利狀況，同農民軍在政治與思想上「角逐」。

　　在多爾袞接受吳三桂聯合進兵的提議後，范文程強調，此次「兵以義

動」——是為你們報君父之仇,「國家欲統一區夏,非又安百姓不可」。入京後,清統治者立即宣布廢除明末苛捐雜稅,減輕民眾負擔;下令「故明內閣部院諸臣,以原官同滿洲官一體辦理」,一攬包下在京明官,概不追究他們「從逆」大順的「政治問題」;發現強迫剃髮這件事,在感情上有很大的阻力,從策略考慮,果斷暫緩剃髮,能進又能退。因此,清兵在華北、西北的軍事行動,幾乎通行無阻,頗得漢人的協助。

清史學家孟森在《明清史講義》裡評論這段歷史時說:「世祖開國之制度,除兵制自有八旗為根本外,余皆沿襲明制……順治三年三月,翻譯明《洪武寶訓》成,世祖制序頒行天下,直自認繼明統治,與天下共遵明之祖訓。此古來易代時所未有。清以為明覆仇號召天下,不以因襲前代為嫌,反有收拾人心之用。」可謂點到了要害。

清廷一方面充分「肯定」明朝,把自己說成是它的衣缽傳人,另一方面卻宣稱明朝已經滅亡,完全「否定」它的實際繼承者南明朝廷——不僅不予以承認,而且加以征伐。

清軍南進還未到揚子江,清廷就迫不及待地組織史官纂明史。後代王朝修前代史,是歷代中國王朝相沿已久的政治傳統,清廷在正式與南明兵戈相向前,先用修史的方式宣布它的滅亡,為其征討正名。對於明朝滅亡的時間,清朝官方的話語,前後完全一致,並透過撰寫史書、文字獄等形式,不斷加以強化。

明朝滅亡時間如何定,關係到清朝的正統地位,清廷堅定的史觀是:明亡於崇禎帝煤山自吊,滅明者為「賊」(李自成),大清是從「賊」的手中奪的天下。乾隆四年(西元一七三九年)定稿頒行的《明史》,就在崇禎帝死後稱「明亡」。整部《明史》對隆、永等南明之君都無一個字的記載;「一

年皇帝」朱由崧則收在《列傳第八・諸王五》裡，且云「自立於南京，偽號弘光」，將燼火不熄、奮戰不休，一直到康熙元年（西元一六六二年）才最後撲滅的南明事蹟一概抹殺。

《明史》的修撰，明確堅持的一個重大核心理念，即正統觀，它以崇禎殉國畫線──之前承認明朝居「天命」與「正統」，明亡後就由清朝繼承其中國王朝的地位，而其他皆為殘渣、餘孽與僭偽，以此來強調大清統治的合法性。

清廷對明朝採用肯定和否定的「兩手」策略，其統治技巧可謂精巧圓熟。孟森稱讚滿族為「善接受他人知識之靈敏種類，其知識隨勢力而進」，前期諸帝比明中後期的都強，可惜末代子孫「死於安樂，以致亡國」。

清廷坐穩天下有「兩手」

密摺政治之密

　　古代帝王長期幽居深宮，與外界隔閡，又不信任官僚機構，因此大多會安插耳目於朝野，以窺察臣子的舉動，了解民間動向。歷代的特務機構，就在如此情形下產生。清初帝王或許從明朝「廠衛」看到，特務機構成事不足敗事有餘，但情報又必不可少，便以密摺制度代替特務機構。

　　「密摺」就是密奏，即臣子給皇帝的奏摺中，附奏機密要事，或揭發臣子作奸犯科之事，或彙報重案、民情等。這些祕事，只有皇帝知道。臣子相互監視，相互牽制，混亂上下次序，只對皇帝個人負責。

　　密摺始於康熙，但那時只是小範圍，有密摺之權者，僅限於少數親信。雍正將其發展成固定制度，大範圍推廣，對在京的滿漢大臣、地方上的要員，甚至部分低職官員，均實行密摺制度 —— 觸角伸展到全國各地，到處分布著密摺人員作為帝王耳目，而且不限於本職本地，不需要真憑實據，隨時可風聞入告。據嶽麓書社《雍正帝及其密摺制度研究》一書記載，雍正在位短短十三年，密奏者竟有一千一百餘名，密摺多達兩萬兩千餘件。

　　雍正非常重視密摺的保密性，一再對上密摺的臣子強調：「密之一字，最為緊要，不可令一人知之。」欲上密摺，先做好保密工作，內容不得告知他人。只有雍正主動交代轉告相關人員時，才能傳達諭旨精神。

　　對於不保守祕密之人，雍正會加以懲治。比如，閩浙總督滿保、山西巡撫諾岷等人，曾將密摺交親信過目，雍正就廢除了他們的密摺之權。湖

北襄陽府同知廖坤，以低職官員獲密奏權，竟以此向同鄉炫耀，事發即停止其摺奏。

為了在「密」字上做到萬無一失，雍正從密摺的書寫、送達、批閱、回收等各個程序，都作出嚴格的保密規定。

首先，密摺必須由臣子親書，只有少數特殊情形才能通融，如目不識丁的武將，或不通漢文的滿人，方可由親信代寫，但要做到保密。

雍正專門定製一批帶鎖的皮匣，發放給有密摺之權的大臣，密摺均放入皮匣差專人送至京城。每個皮匣配兩把鑰匙，皇帝與臣子各一把，只有皇帝與寫奏摺的臣子才能夠開啟。

與一般奏摺不同，密摺到京後，不需要通政司轉呈。封疆大吏的密摺，交由特別的奏事處直達皇帝。其他地方官的密摺，則交給雍正指定的王公大臣轉呈。被指定轉呈密摺之人，有胤祥、張廷玉、隆科多等人，都是雍正的親信，但他們不得拆看、過問其中內容。

密摺由皇帝親自批閱，任何人不得參與。史書記載，雍正曾披露說：「各省文武官員之奏摺……皆朕親自覽閱批發，從無留滯，無一人讚襄於左右，不但宮中無檔可查，亦並無專司其事之人。」

尤為徹底的是，上密摺的大臣，在收到雍正批覆的一定時限內，需要將原奏摺以及硃批一併上交，本人不得備份或留底。

透過密摺制度，既防止了臣子的不法行為，還使皇權得到強化，內閣的作用被削弱。之前許多事，都由朝廷王公大臣公議，而透過密摺，只需要皇帝批示即可。公權力的執行被私化、神祕化。另一方面，雍正透過這種方式監視臣子，臣子也能透過這種方式投機鑽營或打擊同僚，為自己謀私。

尤其可怕的是，密摺將本應在檯面上討論的問題，變成私下交流。對諸事私下揭發，對他人私下彈劾，必然滋長告密之風。人人成為特務，而又人人自危。因此，密摺政治最大的「祕密」，是沒有特務機構的特務政治。

密摺政治之密

以錢贖權的代價

人們印象中，北宋趙匡胤是開國皇帝中難得的明主仁君。他在推杯換盞的談笑之中收回了兵權，打破了鳥盡弓藏、兔死狗烹的歷史魔咒。不過，趙匡胤的仁慈是有代價的，那就是鉅額財政支出。也因此，百姓負擔沉重，軍力孱弱，且從此開啟了以錢贖權的潘朵拉魔盒。

趙匡胤鼓勵功臣宿將及時享樂，他採用以待遇和財富贖買權力的政策，將功臣們，尤其是節度使曾經擁有的大權逐漸分解掉。北宋官員的正式收入在歷朝歷代中是最高的。

據《宋史・職官志》記載，宰相的年收入是明朝宰相 —— 首輔收入的五倍以上，而擁有宰相待遇的遠遠不止三五人。杯酒釋兵權之後，節度使的待遇是最高的，比宰相還要高出三分之一左右，而擁有節度使待遇的人，比擁有宰相待遇的人還要多出許多。

以錢財換權力，基本上消除了對王權的內部威脅。趙匡胤的後繼者們，包括南宋諸帝，延續了這種傳統，形成了慣性思維。他們不僅將之用於國內政治，還延伸到對外關係，企圖以錢財填補與虎狼鄰國之間的權勢落差。但這只是一種錯覺和幻想，對外並不像對內那麼靈驗。

北宋建立時，北方游牧部族建立的遼國已經崛起為龐然大物。更為要命的是，遼國把幽雲十六州控制在手中，中原王朝賴以屏障的萬里長城以及山西、河北北部的眾多軍事重鎮，幾乎都在遼國掌控之中，宋朝北疆已經無險可守。自北宋建立之初，宋遼之間就戰事不斷。宋太宗兩次北伐均

以失敗告終，自知力不如人，國防策略全面轉向保守。

宋真宗繼位後，宋遼戰爭烽煙再起，雙方軍隊在澶州對峙。當時北宋國力已經超邁太宗時代，完全可以一戰，但真宗仍然屈辱求和。他承續了前輩的傳統——用錢擺平，他相信歲幣可以解決邊患問題。於是，宋朝每年向遼國交納一筆鉅額歲幣，包括白銀十萬兩、絹二十萬匹，後來每年又增加白銀十萬兩、絹十萬匹。

面對咄咄逼人的西夏軍隊，宋仁宗也如法炮製。雖然前線守將建立起了較為牢固的防線，控制住了西夏的擴張；但宋仁宗仍決定和談，每年向西夏輸送銀七點二萬兩、絹十五點三萬匹、茶三萬斤。

北宋歲幣應對的是遼國和西夏，而南宋應對的主要是金國。金軍南侵，宋軍節節取勝，本來形勢有利於宋朝，但宋高宗沒有北上恢復故土的打算，他殺害了主戰將領岳飛，向金國割地稱臣，還每年交納銀二十五萬兩、絹二十五萬匹。此後六十多年中，宋朝以歲幣的名義向金國共輸送銀一千四百八十五萬兩、絹一千四百八十五萬匹、銅錢三百萬貫文。

宋朝交納歲幣一事，到底該如何評價？對手的心理話最能說明問題。《齊東野語》書中〈淳紹歲幣〉一文記載，金國大將金兀朮在臨死前，留下一句遺言，談及歲幣問題：「江南累歲供需歲幣，竭其財賦，安得不重斂於民。非理擾亂，人心離怨，叛亡必矣。」金兀朮認為，讓宋朝連年支付鉅額歲幣，是弄垮宋朝的不二法門。每年鉅額的白銀、絹帛，宋朝皇帝必定不會自掏腰包，最後都會轉嫁到百姓頭上，使得宋朝百姓在正常賦稅之外，又多了一項沉重負擔。長此以往，宋朝民力耗竭、怨聲載道，必致眾叛親離。民心一失，宋朝江山豈能穩固？由此看來，宋朝支付歲幣，不僅失去了金銀，也失去了民心。

與此同時，宋朝一味地透過妥協、議和來苟且偷安，不僅在敵人面前暴露了自己的軟弱，激發了他們的貪婪和野心；重要的是，造成將士的怯戰、怯敵心理，極大地影響了軍隊戰鬥力。

　　宋朝每次求和，不僅輸送大量歲幣，甚至奴顏屈膝，稱臣稱姪。統治者本應知恥而後勇，大力發展國力軍力，報仇雪恥；但他們大多不思進取，抱殘守缺，將議和視為治邊的良藥，把歲幣奉為對外的圭臬，國祚急遽衰敗，便在情理之中了。

以錢贖權的代價

弱國的「武器」

　　兩千多年前，在那段金戈鐵馬、縱橫捭闔的崢嶸歲月之中。大秦崛起，橫掃六國，其過程跌宕起伏，驚心動魄。而弱國操縱強國之手段，也令人印象深刻。當時國力最弱的燕國，竟把強大的齊國，玩弄於股掌之中，最後差點滅了齊。其中玄機何在？

　　燕與齊是鄰國，燕弱而齊強。西元前三一四年，齊宣王乘燕國內亂大舉進攻，燕軍幾乎覆滅。燕昭王即位後，處心積慮要報深仇大恨。他採用縱橫家蘇秦「謀齊」的策略，派蘇出使齊國。

　　這時候的齊國，由湣王執政，與趙國保持著密切的盟友關係。故此，燕昭王授予蘇秦活動的策略方針，就是「大者使齊毋謀燕，次可以惡齊趙之交」，以期齊國不再將策略矛頭指向燕國。蘇秦到齊之後，第一步棋便是破壞齊、趙之間的關係；第二步棋便是使齊國「西勞於宋，南疲於楚」——使齊國在攻打楚國的過程中逐步削弱自己，並在攻打宋國的過程中得罪其他幾個對宋國虎視眈眈的大國，這樣四面樹敵的齊國便會陷入危難的敗局之中。

　　在蘇秦的極力慫恿下，齊王派兵攻打宋國。宋地處大國夾縫之中，攻打宋國牽動了各方的利益。齊與秦、楚等國關係越來越差。這時的齊王，被蘇秦的「好話」和眼前的利益牽著鼻子，在一條通往深淵的道路上，越走越遠。

　　齊國終於同秦國全面交惡。蘇秦告訴齊王，應當乘勝拿下宋國，如果

把大家都發動起來，興許就把秦國給滅掉了。齊王派蘇秦以齊使臣的身分，前往燕、趙、魏、韓，說服他們組織一個五國聯軍，共同伐秦。蘇秦明裡似乎在為五國謀秦做準備，暗裡又為聯合趙魏反齊做著籌劃。眼看攻秦聯軍初步成形，齊王便加緊了對宋的進攻。宋國的滅亡，引起了諸侯的一片恐慌，秦、趙、魏、韓、燕等國聯軍反齊。結果，齊軍大敗，都城臨淄被占，齊湣王被殺。

燕國之所以能借他國之力報仇雪恨，關鍵在於以利誘之，利用齊王貪婪和稱霸的野心，唆使其不斷征戰，削弱了其國力；同時誘惑齊王攻占眾人眼中之肥肉，引起公憤。其他強國當然不會坐視宋國被齊國獨吞。於是，齊也好，秦也罷，都掉進了燕國設定的「復仇陷阱」。

引起強國之間爭鬥，坐收漁翁之利，是弱小國家慣用的生存策略。現代國際政治中，也常常能見到這種策略。當年朝鮮戰爭結束後，韓國統治者李承晚表示，如果美國不支持他在韓國建立的「專制政權」，那麼這個國家就要垮臺，而美國在朝鮮半島的態勢，就會比繼續支持他的效果更差。美國為了維持在朝鮮半島的影響力，不得不支持李承晚。如此一來，李承晚有了一份雙邊安全條約，還有一份來自華盛頓的承諾，即為了確保韓國的安全，美國軍隊可以根據需要在那裡駐軍。這就意味著美國保衛著一個「獨裁政府」，因為李承晚對於「民主化」毫無興趣。韓國成了李承晚而非美國所希望的韓國。李承晚發明了一種「勒索模式」，可以為所欲為：如果你對我太過施壓，我的政府就會垮臺，而你會為此感到後悔。當然，美國甘願被勒索，是希望李承晚能夠成為其在該地區的利益代理人。

弱者操縱強者的勒索模式，在冷戰時期並不少見。或因地緣策略利益，或因意識形態關係，大國視小國為盟友。而某些小國正是利用這種關

係勒索大國，把這種模式奉為圭臬，乃至得寸進尺、變本加厲。這種畸形關係不可能持久。國際政治中，維護本國利益為最高原則。如果得不償失，大國便會棄小國如敝屣。

弱國的「武器」

廷杖的政治學

　　廷杖，即在大庭廣眾下杖打官吏的屁股。這種刑罰早在東漢就有，但一直以來使用並不普遍，直至明朝才改變。古人常說，士可殺，不可辱。當眾打屁股，就是打臉。這種侮辱人格的刑罰，中國歷朝歷代從未明文寫入刑法典，皇帝也不會輕易使用。

　　讀書不多的朱元璋偏偏不信邪，對忤逆龍鱗的臣子打屁股，是家常便飯。眾目睽睽之下，士人的斯文盡失。殺一儆百，朱元璋企圖用這種方式，建立自己的絕對皇威。由於開國皇帝的高度重視，權臣權閹的推波助瀾，廷杖官員成了明朝的一大風景。史載，明武宗創過一百○七人同時受杖的紀錄；而時隔不久，這個紀錄就被打破，嘉靖皇帝同時廷杖一百二十四人，其中十六人當場死亡。

　　廷杖的後果為何如此慘烈？首先在於工具的講究。廷杖一般是由慄木製成，打人的一端削成槌狀，且包有鐵皮，鐵皮上還有倒鉤，一棒擊下去，行刑人再順勢一扯，尖利的倒鉤就會把受刑人身上連皮帶肉撕下一大塊來。如果行刑人不手下留情，不用說六十下，就是三十下，受刑人的皮肉連擊帶扯，就會被撕得一片稀爛。不少受刑官員，就死在廷杖之下。即便不死，十之八九也會落下終身殘疾。廷杖最高的數目是一百，但這已無實際意義，打到七八十下，人已死了。廷杖一百的人，極少有存活的紀錄。

朱元璋像

　　雖從朱元璋開始，廷杖就成了普遍的刑罰，但在整個明朝仍未寫入刑法典，是一種典型的「法外之刑」。官僚機構有自身的運作邏輯，法律有明文規定的，自有官吏照章行事，皇帝一般不便直接干涉。沒有明文規定，皇帝就可以充分實行「自由裁量權」。打誰，打多少下，全由皇帝說了算，有很大的隨意性。廷杖分「用心打」和「著實打」，「著實打」可能會導致殘廢，「用心打」則必死無疑。至於採取何種打法由監刑官按皇帝的密令決定。

　　天威難測，臣民無所適從，皇權的威懾力自然得以強化。這或許是明朝皇帝既濫施廷杖，又沒有將這種刑罰寫入法典的用心所在。罰與不罰，罰之輕重，皆由聖心。罰由心出，法由心生，是人治社會的本質特徵，也是專制統治者心中的「政治學」。

　　廷杖的「學問」還表現在執行和監督上。

執行者是錦衣衛，而非刑部。錦衣衛是皇帝的特務機構，不受法律約束，唯皇命是從，而且錦衣衛手段殘忍，臭名昭彰，無形中增強了恐怖氣氛。

明朝宦官雖受皇帝寵信，但在飽讀詩書的士大夫眼中，他們仍是「閹貨」，打從心底裡看不起他們。朱元璋偏偏讓宦官監督實施廷杖，以此當眾凌辱讀書人。尤其是宦官劉瑾專權之後，所有受刑者必須扒下褲子，亮出臀部，接受杖刑 —— 對讀書人來說，這更是奇恥大辱。

讓宦官監刑，是朱元璋們對士人的「誅心」之舉 —— 你們這些讀書人對寡人不忠，不光要受皮肉之苦，還將斯文掃地，一文不值。正如明史專家吳晗這樣分析朱元璋，「平定天下以後，唯恐廷臣對他不忠實，便用廷杖來威嚇鎮壓，折辱士氣，剝喪廉恥。使當時士大夫們在這血肉淋漓之中，一個個俯首帖耳，如犬馬牛羊」。

不過，並非人人都屈服於淫威。太監劉瑾專權期間，時任兵部主事的王陽明大膽上書皇帝，要求釋放被劉瑾抓了的言官。結果，王陽明被脫掉褲子廷杖四十。九死一生的王陽明來到貴州龍場，參學悟道，終成一代哲學大師，成為中國歷史上罕見的立德、立功、立言的「完人」。

廷杖的政治學

殺與不殺的算計

在人們印象中，明朝開國皇帝朱元璋是個暴君。他殘忍至極、嗜殺成性，屠刀一再舉向功臣。然而，他在君臨天下之前，卻貌似一個仁慈的救世主。清代史家趙翼如此評價他，「以不嗜殺得天下」。

起兵之初，朱元璋的重要謀士李善長經常用劉邦的寬容大度來勸導他。「不嗜殺人」的劉邦最終問鼎天下，動輒屠城的項羽卻自盡烏江。歷史是最生動的「教科書」，逐鹿中原的朱元璋自然從善如流，身體力行。

西元一三五五年，朱元璋占領和州，這是三個月苦戰的結果。當時的紅巾軍將士們都想以屠城洩憤。謀士範常表示，打下一個城池便要讓人民肝腦塗地，以後還能成什麼大事？朱元璋於是下令送還擄掠的婦女，並禁止士兵為害鄉民。

渡江之後，在攻取太平縣之前，朱元璋讓李善長預先起草了禁令榜文，貼在各個街道上，於是士兵沒有一個敢胡作非為的。後來被譽為「國朝謀略無雙士」的陶安看見這一支正義之師，忍不住誇讚「明公神武不殺，天下不足平也」。

打鎮江之前，朱元璋為了保證鎮江百姓的安全，預先找碴，為自己部下的將領都定了輕重不一的罪名，並安排李善長當眾再三求情，此時朱元璋才與諸將約定「廬舍不焚，民無酷掠，方許免罪」，可謂用心良苦。於是攻克鎮江之後，鄉民甚至都不知道明軍已經進城。

朱元璋手下大將常遇春，動不動就殺降卒，甚至屠城。有一次在擊敗

陳友諒部隊之後俘虜了三千人，常遇春立即要將他們全部坑殺。朱元璋得知後立即下令赦免所有的降卒。當赦令傳來的時候，常遇春已經殺了一半了，朱元璋就把剩下的降卒都交給徐達，讓他負責他們的安全。

如此「仁厚」的朱元璋，後來竟變得異常殘暴，前後判若兩人。洪武十三年（西元一三八〇年），朱元璋以宰相胡唯庸「逆謀」入罪，當時受株連獲罪者達一萬五千人，後來又有大小官員近四萬人被誅殺。朱元璋意猶未盡，又藉口涼國公藍玉欲圖謀反，大肆株連殺戮功臣名將，死者逾一萬五千人。後世的史學家沒有找到胡、藍謀反的可信證據，看來「謀反」只是朱元璋誅殺功臣的幌子罷了。

朱元璋雖然變得如此嗜殺，但也有自己的算盤，明白什麼人可以殺，什麼人不能殺；何時可以殺，何時不能殺。洪武初年（西元一三六八年），雖也有功臣被殺，但一般為個例。洪武三年（西元一三七〇年）誅楊憲，十二年（西元一三七九年）賜死汪廣洋，十三年誅胡唯庸、陳寧、塗節，基本是在清洗有擅權威脅的高級文官，不太牽扯功臣武將。因為此時天下尚未完全平定，想「鳥盡弓藏」還為時過早。

洪武十三年以後，明軍基本控制了局勢。洪武二十一年（西元一三八八年），大將藍玉破元朝後主，至此基本消除了元朝殘餘勢力對明朝的威脅。接下來的洪武二十三年（西元一三九〇年）三月，元朝丞相、太尉皆降。至此，元朝勢力不足為患，且朱元璋諸子已經成長起來，一定程度上可以取代功臣武將領兵征戰，元勳的重要性日減。而從朱元璋個人來說，此時他年過花甲，為傳位計，清除不穩定政治因素越來越有必要，大誅功臣，此正其時。

二十三年四月，朱元璋以發生在十年前的「胡唯庸案」為口實，大肆

執行株連，因此被殺及奪爵（之前已故）的功臣有李善長、陸仲亨等一公二十一侯。二十六年（西元一三九三年）初，藍玉被告謀反，禍及功臣甚眾，前後死者共有一公、十三侯、二伯。胡、藍兩案，涉及功臣數十家。其餘陸續被誅於朱元璋晚年者，又有周德興、傅友德、王弼、馮勝、李新、謝成等公侯。

至此，一起打天下的功臣被誅殆盡。朱元璋如此嗜殺，與他之前的不嗜殺「異曲同工」，都是為了「天下」—— 不殺是為了贏民心，奪天下；殺是為了除威脅，坐天下。

在朱元璋眼裡，大明如同他與功臣們一起創立的「公司」，他是「董事長」，一同出生入死的功臣則是「以血入股」的股東。朱元璋誅殺功臣，既是為了防止他人覬覦「董事長」之位，也是為了將「公司」變為朱姓一家獨有。

殺與不殺的算計

認罪典型的炮製術

　　對謀逆案犯，古代統治者大都處以極刑 —— 從肉體上消滅，以絕後患。清朝雍正帝是個特例，他對煽動謀反的民間書生曾靜恩威並施，將其塑造為洗心革面的「認罪典型」，試圖以此收服天下人，尤其是士子之心。

　　曾靜是鄉間的秀才，以授徒為業，受大儒呂留良影響甚深，有反清思想。雍正即位後，曾靜派弟子張熙鼓動川陝總督嶽鍾琪反清，嶽鍾琪隨即上奏，曾、張被抓。嚴審之下，曾靜表示認罪和悔過，寫了〈歸仁錄〉。

　　雍正是滿洲人入主中原的第三任帝王，此時清政權已有近八十年歷史，但不少漢人仍然反對與抗爭。他們懷念明朝，對流亡的南明政權，甚至吳三桂叛亂寄予厚望。這般情勢，激發了不少知識分子堅守對前朝的忠貞，不吝身家性命地參與反清復明的種種行動，如呂留良對永曆小政權尊崇之至，直呼清廷康熙年號而毫不避諱。

　　面臨統治合法性危機的雍正，決定好好利用曾靜案。他不顧以和碩怡親王為首的一百四十餘位大臣的聯名反對，將兩年來關於此案的上諭，以及曾靜口供和〈歸仁錄〉，合編成《大義覺迷錄》。此書除了極力論證清廷統治的合法性外，還駁斥了「雍正修改詔書篡位」等傳言，對曾靜等人指責雍正的十大罪狀（謀父、逼母、弒兄、屠弟、貪財、好殺、酗酒、淫色、懷疑誅忠、好諛任佞）進行了一一辯解。

　　《大義覺迷錄》中，曾靜的口供雖占了很大的篇幅，但內容千篇一律，都是按照雍正的口徑進行的自我批判，口口聲聲「罪該萬死」。這一

切都經過御覽，整理修飾，因而成為典型的「認罪八股」。

曾靜的供詞還詳述雍正之隆厚聖德、浩大皇恩。如所謂「彌天重犯今日始知聖恩高厚，雖堯舜不過如此」，「皇上至德深仁，遍及薄海內外，其用意於民，固可謂亙古少媲」，「此是心肝上的實話」等等，連雍正也覺得「諂媚」。

曾靜、張熙被免罪釋放，放歸原籍，還給了一千兩白銀和一個不大不小的官職。貌似真誠的仁慈與寬闊，使曾靜成為雍正收買人心的一枚棋子。

呂留良等人鼓吹反清思想，影響廣泛。雍正刊版發行《大義覺迷錄》，要求朝廷上下、地方官吏人手一冊，各級官員閱後發表讀後感。不僅如此，雍正為了讓曾靜現身說法朝廷之英明，派大員帶領曾靜到江寧、杭州、蘇州等地，進行宣講，批駁呂留良等反清言論，痛說自己誤入歧途，並逐條批駁社會輿論對雍正個人的指責，消除影響。

讓煽動者當宣講員現身說法，藉以製造輿論，確是一種前無古人的創造。雍正對付讀書人手段之圓熟、殘忍，由此可見一斑。他的努力得到了很大的成果，終於不僅扭轉了一代士風，還大大加強了奴性教育。

乾隆即位之時，清廷的統治已經基本穩固。他意識到，《大義覺迷錄》中雍正自辯的「情節」（如十大罪狀），極易成為他人攻擊朝廷的「靶子」，便將其列為禁書。因而在浩瀚的禁書目錄中，出現了僅有的一種本朝皇帝的御製國書。

與此同時，乾隆以「洩臣民公憤」為由，將曾靜罪名改定為「誹謗先帝」，與張熙一起凌遲處死。在統治者眼裡，時過境遷，「認罪典型」已經沒有利用價值了。

嗜權的太上皇

從劉邦封其父劉太公為「太上皇」開始，歷史上共出現十五個太上皇。不過，除劉太公是「父以子貴」——劉邦奪取天下稱帝後追封的外，另外十四位太上皇則都曾是貨真價實的皇帝，他們或迫於形勢被動交權，或倦於朝政主動禪位。

前種情形下的太上皇，大多是遠離朝堂，從此不問政治，如玄武門之變後的唐高祖李淵、安史之亂後的唐玄宗李隆基；後者則是退而不休，緊握權力不放，凌駕於皇帝之上，極力干擾，甚至繼續主宰朝政，典型莫如禪位於宋孝宗的宋高宗趙構、君臨天下六十載後卸任的乾隆。

宋徽宗和宋欽宗被金人擄去，趙構南渡稱帝。勉力支撐南宋朝廷三十五年後，不堪重負的趙構，在五十六歲的盛年（終年八十一歲）讓位於孝宗。倦政的他雖無心戀棧，卻有理由繼續「關心」政治。

趙構退居德壽宮，隱然與孝宗的皇宮對峙，形成兩個權力重心。朝廷的人事任免權一直在趙構的陰影籠罩下。

殿試第一甲的策文要經趙構過目，新任大員的謝恩摺子亦要轉呈。凡是進用的大臣，也必須奏稟趙構，而後才能任命；受職者自然要覲見謝恩，並聽取趙構的指示。失寵的官員只要得到趙構邀請飲宴，便可望復職。皇親國戚只要透過德壽宮的管道，便可能得到優差使，宦官甘昇甚至被薦往孝宗宮裡任職，而且恃恩沽權，前後達二十年之久。

一旦有直接干涉的必要時，趙構絕對不會遲疑。乾道八年（西元

一一七二年），孝宗聽從言官的彈劾，准許宰相虞允文自行辭職。趙構卻令孝宗挽留他，而把言官外調。趙構八十大壽時，孝宗命楊萬里為奉冊禮官，不料趙構大怒，當日楊萬里便被外放。原來耿直的楊萬里在一次殿試時，曾將趙構比作被迫南渡的晉元帝。

趙構要維護自己在歷史上的聲名。他清楚知道自己的一些政策和手段有欠光明、易招非議。他在退位時坦白告訴左右大臣，「朕在位失德甚多，更賴卿等掩覆」。他借秦檜之手冤殺了岳飛。儘管孝宗明白岳飛的冤屈和戰功，也只能有限地為他平反。昭雪和恩恤，例如追復原職、以禮改葬、重用後人等，都是以太上皇「聖意」的名義進行。這些平反，大都經過趙構允許才能進行。

除了人事權和自己的聲名，趙構還要保障德壽宮的獨立和利益。孝宗即位初年，御史袁孚獲悉德壽宮售賣私酒，便上疏揭發。趙構聞訊震怒，孝宗只得罷免袁孚。趙構就是要讓孝宗明白，德壽宮有絕對的獨立自主權，宮中的問題只能由他自己處理，不容朝廷過問。

乾隆是歷史上最後一個太上皇。他在即位之初曾說最多在位六十年，不超過皇爺爺康熙的六十一年。西元一七九六年正月初一，乾隆禪位於嘉慶，但是乾隆在禪位詔書裡明確宣布：「凡軍國重務，用人行政大端，朕未至倦勤，不敢自逸。部院衙門及各省題奏事件，悉遵前旨。」言下之意，軍國大事還得由他把持。據史料《李朝實錄》記載，乾隆在接見朝鮮使臣時曾明白地表示：「朕雖然歸政，大事還是我辦。」

一開始，乾隆還聲稱要將養心殿讓與兒子，因此還專門修了座寧壽宮給自己，誰知後來搬離之事不了了之，他一直到死都沒從養心殿搬出來。尤其可笑的是，紫禁城內繼續使用「乾隆」的年號，「嘉慶」的年號只對外不對內。

乾隆無疑是歷代太上皇中權力最大的，從執政到訓政，退位和不退位沒有什麼差別。嘉慶除了得到一顆玉璽之外，毫無實權，只能「侍坐太上皇，上皇喜則亦喜，笑則亦笑」。嘉慶此言，道出了自己作為「兒皇帝」的尷尬和無奈。直至乾隆駕崩後，嘉慶才當了二十二年的實權皇帝。

　　權力需要貼上一張合法性的畫皮，一旦缺乏合法性裝飾，就變成了見不得光的「黑權力」。但在宋高宗和乾隆看來，他們擁有這種「法外之權」是天經地義的 —— 繼任皇帝的權力由他們所賜，所以皇帝也得聽他們的 —— 這是專制制度下國家公權力私相授受的霸道邏輯。

嗜權的太上皇

管仲「兩手」待商賈

　　士農工商，由高到低，由貴而賤，這個等級觀念影響中國社會幾千年，商人一直在底層游離掙扎。這個社會分層理論的始作俑者是春秋時期的管仲。

　　其實，早在殷商時期，人們非常樂於經商，也善於經商，商人的社會地位並不低。但商亡周興之後，周朝的建國者們認為，民眾熱衷商賈，荒廢了農業，造成民心浮躁、國基不穩，導致殷商之亡；因此，轉而推行鄙視商賈的重農政策。在周朝，商人的地位非常低賤，常與處於奴隸地位的妾並列。士大夫必須遠離商人，不能與商人混居在一起，商人離開居住地則不得與士大夫交談。貴族們不能進入市場進行交易，否則就會受到懲罰。總結前朝敗亡教訓卻不得要領，周王朝抑商賤商也沒有能夠使國運永昌。

　　周朝王綱解紐，春秋戰國群雄爭霸。國君們知道商賈於國有利，因此爭相招攬。於是，商業大勢勃興，商賈的地位蒸蒸日上，可以說這是商賈在中國歷史上的黃金時代。

　　管仲本人就是商賈出身，早年他與鮑叔牙合夥做生意時，總要多拿一些利潤。別人為鮑叔牙鳴不平，鮑叔牙卻說，管仲不是貪財，而是他家裡窮。管仲對貧窮之苦有切身體會，他明白，不管是發家致富還是富國強兵，商業都少不了。管仲擔任齊相期間，提出了「以商止戰」的強國策略。就內政而言，「以商止戰」就是發展商品經濟，讓國民富裕而不至於因貧造反。管仲說，百姓厭惡貧困低賤，我要使他們富足顯貴。管仲大力

發展手工業和商業，擴大對外貿易。齊國經濟很快出現了繁榮態勢，齊國迅速崛起為諸侯國中的經濟強國。

在實踐上，管仲把重商當作富民強國的法寶，但他卻又在理論上把商人壓在社會底層，這暴露了他的矛盾心態。在一個重商主義和自由貿易盛行的社會，很難完全控制人的利益、欲望和思想，自然也無法完全控制人的行動。掌權者認為這會對政權穩定構成威脅。社會學家袁方對此有深刻的了解，他認為，管仲「為了政治的目的，有意要把商賈的地位壓下去。這是當時商業發達和政權衝突的原故」。管仲的「士農工商」社會分層在當時還只是「理論藍圖」，但後來在歷代統治者的推動下逐漸制度化，變成活生生的現實。

秦始皇時期，商人和逃犯地位差不多，在秦始皇極為欣賞的《韓非子》中就把商人當作「五蠹」之一，認為是應除掉的。漢初推行黃老之術，無為而治，商業得到發展，但商人的社會地位依然低。文景之治後，商業呈蓬勃之勢，對外貿易也得到了長足發展。當時流傳著這樣的俗諺：「用貧求富，農不如工，工不如商。」商人雖已致富，但在法律上仍受歧視。到了漢武帝時期，又開始奉行「抑商」政策，商業受到打擊。

李唐統一全國後，經過貞觀前期的幾年發展，迎來了新的盛世。商業也得到了長足的發展，長安成為當時世界上最繁華最繁榮、商業氛圍最好的城市。不過，大唐商業雖然繁榮，商人的社會地位依然很低，商家子弟不能參加科舉考試，他們進入社會上層的通道基本被堵死。

開放包容的唐朝如此，其他王朝再好也好不到哪裡。統治者對待商賈的矛盾心態，一直貫穿中國古代史，政策總是在「重商」和「抑商」之間搖擺。一方面，希望透過興商強國，另一方面又企圖透過抑商來維護政權穩定。當然，不管是「重商」還是「抑商」，商人始終不是歷史的主角。

虛美隱惡的「藝術」

近年發掘的西漢海昏侯墓，將劉賀這位幾乎被歷史遺忘的皇帝，曝光於世人面前。劉賀在位僅僅二十七天，就被廢黜。普通的歷史年表，幾乎見不到這位皇帝一絲一毫的行跡。在《漢書》等基本史籍中，對他的記載，在一些關鍵問題上模糊不清。而廢黜劉賀帝位的黑手 —— 大奸大惡的霍光，卻以大忠大賢的形象留存於青史。何以如此？

漢武帝在冊立劉弗陵為太子的同一天，指令四位大臣輔佐少主，外戚出身的大將軍霍光為首輔。漢昭帝劉弗陵二十來歲就去世了，沒有子嗣，漢武帝的另一個孫子劉賀被推上帝位。劉賀被廢，接位的是漢武帝的曾孫劉病已，即漢宣帝。在廢與立的過程中，霍光發揮了主導作用。

後世史書講到霍光輔政，多是褒揚之詞，其影響最為深遠的，則屬班固在《漢書‧霍光傳》中將霍光與輔佐周武王的周公和輔佐商湯的伊尹相併比。實際上，霍光在昭、宣兩朝的所作所為，不過是挾持幼主以號令天下，完全不能與周公、伊尹同日而語。

霍光先後設法除掉了另外四位輔政大臣，自己獨擅朝綱，昭帝只是擺設而已。霍光迎立劉賀，也只是把他當傀儡。誰知劉賀竟然頭腦發熱，真的做起皇帝來。他不僅在眾目睽睽之下，公然冒犯霍光的權威，而且著手調整宮廷禁衛兵馬，企圖掌管要害部位。霍光搶先下手，廢除了劉賀剛剛登上的帝位。

與劉賀相比，新皇帝劉病已的輩分又降低一輩，這顯然更利於霍光控

制朝政；且宣帝劉病已長養於民間，沒有政治勢力作根基，因而也更容易擺布。從表面上看，這似乎很容易重新造就一個合乎霍光理想的傀儡皇帝。

霍光對初入皇宮的宣帝防範甚嚴，令太后一直居住在皇帝居住的未央宮內，以對其施以震懾和監督。後來，為防止太后反遭宣帝控制，霍光安排太后回到長樂宮中，並派自己的人在此守衛。漢宣帝即位以後，幾乎沒有表現出任何控制權力的欲望。

霍光心裡仍不踏實，為了試探虛實，在宣帝即位的第二年，霍光作出了「歸政」的姿態。主弱臣強，宣帝只能是「謙讓不受」。霍光當時滿意地看到了自己想要的結果，廢黜劉賀所造成的威懾力，足以讓宣帝清楚意識到自己所處的地位，而其獨擅朝政的局面似乎已經無法動搖。為了進一步鞏固權位，霍光的妻子竟然買通醫官，殘忍地毒死了皇后許氏，然後將自己的女兒立為宣帝皇后。事後霍光批示，對醫官不予追究。

然而，霍光大大低估了宣帝的能力。宣帝與生長於皇宮王室而不知世事的昭帝、劉賀完全不同，長期的民間生活使得他明白世間奸邪、吏治得失；同時，他又很好學，有良好的文化修養。他能夠理智地審時度勢，妥善處理和霍光及其黨羽的關係，且完全有能力破解霍光那一套權術和手腕。但宣帝十分清楚，輕舉妄動，只能重蹈劉賀覆轍。他要做的事情，只是耐心地等待時機。

更為重要的是，宣帝明白，霍光廢黜劉賀帝位的合法性，與自己登基做天子的合法性，這兩件事是一體相連。換句話說，就是宣帝繼承大統的合法性，是以廢黜劉賀帝位的合法性為基礎的。宣帝心裡明白，否定霍光，就是否定自己。

直到霍光死後，親政的宣帝才開始逐步清除霍家勢力。儘管他內心對霍光其人深惡痛絕，表面上卻不「全盤否定」，還繼續加以尊崇，更不對其家人趕盡殺絕。宣帝強調霍光的功績在於「定萬世策，以安宗廟」。這樣還不夠，宣帝又親自動筆撰寫詩歌予以讚頌。宣帝還將股肱大臣的畫像掛在麒麟閣，霍光居於首位，供大家瞻仰學習；而且其他諸臣都署官爵姓名，只有霍光不署名，稱「大司馬大將軍博陸侯姓霍氏」，以示獨尊於諸臣之上。宣帝為了彰顯霍光的功績，運用了多種「藝術手段」，可謂煞費苦心。

　　後世不少史家以宣帝的「證詞」為依據，把霍光寫得光彩照人。殊不知，虛美隱惡，陰陽兩面，是古代統治者慣用的操縱手段和統治藝術，洞幽察微的史家竟也被矇蔽了。

虛美隱惡的「藝術」

鏟奸除惡的加減術

　　嚴嵩被稱為明朝六大奸臣之一，他在嘉靖皇帝時期專權二十年，其子嚴世蕃依憑其父庇護，貪贓枉法，作惡多端。官員們前赴後繼地彈劾，都無法將他們扳倒，反而被其構陷冤殺，沈煉和楊繼盛兩人便是如此。不過，嚴氏父子最終栽在徐階的「加減術」上。其中玄機頗值得玩味。

　　嘉靖醉心於仙道修玄和長生不老之術，懶得理政管事。善於諂媚的嚴嵩，便有了擅權的可乘之機。嚴嵩執政晚期，由於專權過久，權力過重，慢慢引起嘉靖猜忌。此時，御史鄒應龍上疏彈劾嚴氏父子，按照他們所犯罪行，必死無疑；但嘉靖只是革去嚴嵩的官職，把他趕回江西老家，嚴世蕃則被謫戍雷州。嚴世蕃本性不改，途中逃跑回家，繼續行凶作惡，在御史林潤彈劾之下，被重新緝拿歸案。

　　嚴世蕃雖被關進獄中，卻並不害怕，他口吐狂言：「任他燎原火，自有倒海水。」原來，嚴世蕃已經看透了皇上。鄒應龍和林潤在上疏中，主要是揭發他們招財納賄之罪。嚴世蕃認定，在這一點上，不必隱諱和顧慮，因為當今皇上並未真正治過多少貪官；而沈煉和楊繼盛兩案，廷臣經常談論，算為嚴家罪案，可是鄒、林的上疏中並未提及。嚴世蕃心中盤算，沈、楊被殺，雖由其父嚴嵩擬旨，終究是皇上批准，若重新提及，必然觸怒皇上，加罪於上疏者，那時自己就可以脫罪了。嚴世蕃安排心腹在朝中大肆宣揚「沈、楊兩案不加入，難以扳倒嚴氏」。

　　刑部尚書黃光升、左都御史張永明和大理寺卿張守直等人果然中計，

他們在三法司會審的奏稿中，把沈、楊兩案加入。上奏嘉靖前，他們先請內閣首輔徐階過目，徐階說：沈、楊被殺，雖是嚴嵩所害，但終是皇上批准，此疏一上，無異歸罪皇上，皇上必然震怒，諸君必然獲罪，那時嚴世蕃反倒逍遙法外了。

徐階在替三法司重擬的奏稿中，為皇上避諱，刪掉了沈、楊兩案相關內容，重點在聚眾謀反上做文章，虛構了嚴世蕃通匪、通倭、謀反的情節：通匪方面，大海盜汪直鉅額行賄嚴世蕃，以圖謀取官職；通倭方面，嚴世蕃的親信羅龍文招集汪直餘黨五百餘人，密謀與嚴世蕃外投日本；謀反方面，嚴世蕃指使羅龍文，招集亡命之徒和旁門左道之流四千餘人，請來諳曉兵法之人，暗暗地進行操練，還重金收買刺客十餘人，專門用來殺人，懾制眾人之口。果然，此疏一上，嚴世蕃和羅龍文被斬首，嚴嵩被削籍為民，在貧病交加中死去。

徐階浸淫官場多年，深沉老辣、洞幽察微，他對嘉靖的了解不亞於嚴世蕃。在嘉靖看來，只要臣子忠於朝廷，能夠弄來足夠的銀子供皇室開銷，招財納賄不過是小節。嘉靖最在乎的，是皇家顏面和江山穩固。他可以對官員腐敗睜一隻眼閉一隻眼，但不能容忍臣子揭他的短，對「謀逆」一詞尤其敏感。

徐階對嚴氏父子罪行的「減」與「加」，是看準了皇室心病後的對症下藥——顧及皇上顏面，合乎人之常情。誣陷謀逆，則是不擇手段。當年，嚴氏父子也是用這個罪名構陷沈煉、楊繼盛的。可能在徐階看來，把謀逆之罪加在嚴世蕃頭上，也算是以毒攻毒。

嚴氏父子惡貫滿盈，罪有應得。然而，義正詞嚴的彈劾不能奏效，卻要靠陰謀和權術才能獲得成功，這是對所謂「謀逆」罪名和皇權合法性的莫大嘲弄。

權閹的「軟實力」

明熹宗朱由校非常寵幸太監魏忠賢，對他的封賞不斷加碼。魏氏的爵位，從伯而侯而公而上公，很快達到最高。他先被稱千歲，後被稱九千歲，最終居然當上「九千九百歲爺爺」，離萬歲只有一步之遙，朝廷大權盡在其掌控之中。

朱由校的先祖朱元璋推翻元朝，剪除軍閥，當上萬歲爺，憑的是武力。魏忠賢自廢「武功」，淨身入宮，竟亦能權傾天下，可謂與朱元璋殊途同歸。朱元璋做夢也沒想到，自己浴血打下的江山，竟任由一個太監肆意踐踏。

明代大學士文震孟之子文秉寫文章說，明王朝雖是被李自成的農民軍直接推翻的，但亡國的種子，卻從魏忠賢專權時就種下了。魏忠賢、李自成均是明王朝的掘墓人，只不過，李自成是沿襲朱元璋「官逼民反」的暴力手段，魏忠賢憑的卻是「軟實力」。

魏忠賢的出身與朱元璋差不多，都屬於社會底層。比朱元璋稍好的是，他家裡有幾畝薄田；與朱元璋一樣，魏忠賢沒上過一天學，無法透過科舉改變命運。已娶妻生女的魏忠賢，因賭博欠債被打，決定自閹入宮。

魏忠賢從底層太監做起，先倒馬桶，後當夥食管理員。幸運的是，他等來了生命中的「貴人」——後來登上帝位的皇長孫朱由校。朱由校一出生，就由魏忠賢貼身服侍。魏忠賢了解小主人的脾氣秉性，懂得如何曲意逢迎，極盡討好之能事。皇帝喜好武事，魏忠賢就苦練騎馬射箭，陪著皇

帝控弦馳騁。皇帝醉心於工藝，他就及時提供稱手的工具材料。皇帝在水
面盪舟取樂，不小心翻了船。魏忠賢不會游泳，竟不顧一切地跳進水裡救
皇帝，差點搭上自己的性命。皇帝甚是感動，從而更加信任他。

　　不僅如此。魏忠賢還挖空心思討好與皇上感情極深的乳母客氏，與她
搞上了「對食」。古代大部分宮女沒有機會見帝王一面，為了找尋精神寄
託，跟太監結成名義上的夫妻，搭夥共食。客氏原來的「對食」叫魏朝，
也是皇長孫一房中的太監。魏忠賢管理夥食，與客氏接觸多了，乘機對她
大獻殷勤，百般討好。朱由校上位，客氏跟著一步登天，誰處在與其「對
食」的位置，誰就可能獲得重大利益。兩魏爭風吃醋，矛盾激化。客氏最
終選擇了魏忠賢。

　　有了皇帝的貼身忠僕和皇帝乳母的「相好」這雙重身分，魏忠賢的地
位迅速攀升，掌印太監與秉筆太監兩個重要職位一肩挑，成為宦官中的尖
端人物。幼稚的皇帝，需要一個既忠誠又親切的政治代理人，魏忠賢自然
成了第一人選。

　　魏忠賢掌握內宮權柄後，將手伸向朝政大權。他把自己打扮成濟世能
臣，甚至賢明聖君。在許多根據其意圖擬定的聖旨中，充滿了對他本人的
褒獎頌揚。他稱讚自己：「一腔忠誠，萬全籌劃。恩威造運，手握治平之
樞；謀斷兼資，胸涵匡濟之略。安內攘外，濟弱扶傾。」他還說自己是：「獨
持正義，匡挽頹風……功在世道，甚非渺小。」對於戰場上的勝利、國家
工程的完竣，乃至天降祥瑞、風調雨順，凡在當時能稱得起政績的東西，
他都毫不客氣地攬在自己名下。

　　魏忠賢還在自己的名字上大做文章，朝自己臉上貼金。他以前叫什麼
已不知，入宮後改名李進忠。後來恢復了本姓，叫作魏進忠。魏忠賢這個

名字，則是在朱由校上位後第二年再次更換的。按照公開的說法，此名來源於御賜，但實際上是魏忠賢本人的意思。賢者，德才並茂也。當時魏忠賢在宮中剛剛紅起來，企圖染指朝政。要當朝秉政，當然不能沒有突出的政治才能。

但是，魏忠賢的「政治才能」，主要表現在打擊政敵，培植閹黨，禍亂朝綱。他的所作所為，一步一步地掏空了明王朝的統治基礎。崇禎皇帝繼位後剷除了魏忠賢及閹黨勢力，勵精圖治，但此時的大明帝國，已百孔千瘡，任誰也無力迴天了。

吳王夫差寵幸西施而國滅，李隆基寵幸楊玉環而唐由盛轉衰，吳三桂因為陳圓圓而怒引清兵入關，人們常說美女「傾國傾城」，未料一個太監竟也能「傾國傾城」。

權閣的「軟實力」

相權的黑洞

　　秦朝始建帝制，皇權正式產生；同時設丞相，以其作為中央行政體制的首腦，相權應運而生。丞相（或宰相）扮演著帝王最為倚重而又最為忌憚的矛盾角色。

　　一方面，丞相統領群臣，處理政務，是帝王行使權力必不可少的幫手；另一方面，丞相是國家的「二把手」，一人之下，萬人之上，篡位的話比其他人容易得多，往往被帝王視作最大威脅。

　　曹操以漢丞相名義征討四方割據政權而坐大，封魏王，加九錫，一步步吞噬劉漢國祚，其子曹丕順理成章地將江山改姓。

　　螳螂捕蟬，黃雀在後。隱忍的司馬懿終於熬成了魏國的「二把手」，其子孫如法炮製，最終取代曹魏政權。

　　史蒂芬・霍金（Stephen Hawking）的「黑洞理論」指出，宇宙物質密度過大，達到一個極值，就會形成黑洞，能吞噬包括光在內的一切物質。同樣，相權過大，也會形成一個黑洞，它不是吞噬皇權就是吞噬自己。當相權膨脹到一個極值，奪他人江山如探囊取物；而當帝王稍稍感到相權的威脅時，便會早下殺手 —— 輕則罷官去職，重則滿門抄斬，牽連無數。因此，一些為相者往往如履薄冰，自剪羽翼，以免引起猜忌。

　　中國古代史就是一部皇權與相權此消彼長的博弈史，其中更多的是皇權對相權的打壓，這在明朝尤為血腥和慘烈。

　　朱元璋來自社會最底層，深知皇位的來之不易，因而對可能威脅皇權

的人極為敏感。洪武十三年，他以宰相胡惟庸逆謀起事、私通外國入罪。事發的導火線是胡惟庸未將越南來貢之事上奏，而接受貢使瞻覲屬於皇權而非相權的範圍。事實上，後來的史學家一直未找到胡惟庸謀反的證據。接見貢使可能只是胡在細節上的大意，或許他當時並未有謀逆之心。但在朱元璋眼裡，胡惟庸是否有謀反之心並不重要，關鍵是他有這個實力。

在罪名之下潛藏的是相權與皇權的衝突。宰相作為文官之首，有銓選之權，可以將職缺派給自己的親信 —— 實際上可在未經皇帝的許可下，組織起整個政府體系。朱元璋無法容忍其統治權被相權架空的可能性，於是他剷除了胡惟庸及當時與他有關的所有人。據朱元璋自己猜想，當時獲罪者有一萬五千人。此後，肅清「逆黨」的餘波持續十四年，其間又有大小官員近四萬人被誅殺。

除了從肉體上消滅外，朱元璋還從制度著手，廢除了宰相職位，分權於六部、五府、都察院、通政司、大理寺等衙門，皇權得到了空前加強。但朱元璋個人精力畢竟有限，無法應對整個帝國龐雜而具體的行政事務，後來他不得不設定內閣制。內閣首輔雖在某種程度上行使了宰相的職權，但其職責主要是做事，沒有在法理上確立制度化的保障。這反映了朱元璋的心機和對相權猜忌之深：既要有人替他做事，又不給予人實權和名分。作為雄才大略的開國之君，朱元璋可以這樣做，而對一代不如一代的繼承人來說，這樣做就有點勉為其難了。

年幼即位的萬曆皇帝，靠內閣首輔張居正穩定朝局，推進改革，增強國力。張首輔的權勢一度達到巔峰，是明代唯一生前被授予太傅、太師的文官。張居正最終為萬曆帝所忌，去世後被抄家，追奪生前所受璽書、四代誥命，以罪狀示天下。而且張居正還險遭開棺鞭屍，家屬或餓死，或流放。張居正在世時所用的一批官員有的削職，有的棄市。

即便皇權再怎樣忌憚相權，終究是離不開它；因此不管在哪個朝代，相權都存在，或強或弱，職位、名稱也不盡相同，或曰大司徒，或曰中書令，或曰同平章事，或曰軍機大臣，或曰總理（清末）等，不一而足。

中國古代史是專制制度不斷強化的歷史，至明清達到頂峰。皇權與相權之爭的整體趨勢是皇權加強，相權削弱。當然，在某一具體歷史背景下，相權會有所加強，但並非大勢與主流，皇權處於絕對優勢地位。

相權的黑洞

酷刑的「教化」

朱元璋起於草寇，了解民間疾苦，嫉惡如仇，對貪官汙吏恨之入骨。開國之初，他對各地官員責治甚嚴，貪汙的數額在六十兩白銀以上的，就要梟首示眾，並且剝下他的皮，皮裡填上草，再把這「人皮草袋」置於衙門附近。他的用意很明顯——以酷刑「教導」為官者要當好官。

「酷刑」一詞在拉丁文中，本義為彎曲身體，最初只用於對付奴隸。但這種威懾效果頗佳的手段，迅速擴展為專制工具：弒君者、女巫、異教徒，都是嚴苛對待的對象。作為一種嚴苛的懲罰手段，酷刑在古代各個國家、民族都廣泛存在，施刑方式也發展到五花八門，以製造肉體痛苦為目的。

眾所周知，酷刑，極其殘忍、暴虐、狠毒。殘酷表面的背後，掩藏著它的深刻本義——權威。當權者缺乏權威或者權威受到挑戰時，最直接的方式就是「以暴制暴」，以此來樹立威信，秦始皇、漢武帝、武則天如此，元、明、清的皇帝更是如此。他們為了維護自身的權威和專制統治，尤其在社會矛盾激化、社會動盪時，屢屢抱著「刑殺以立威」的觀念，任用酷吏，加強刑罰的嚴酷性。當我們翻開歷史沉重的一頁，細細剖析「凌遲、車裂、腰斬、剝皮、炮烙、烹煮、抽腸、剖腹、射殺、沉水、火焚、斷脊骨」等酷刑，其字裡行間，無不滲透出專權者的凶狠、殘暴。

戰國時期，秦國國力躍於各國之首，商鞅變法功不可沒。但由於他執法嚴厲，得罪了權勢人物。秦孝公死後，曾被商鞅割去鼻子的公子虔，誣告他謀反，結果商鞅被施以車裂之刑。車裂即五馬分屍，行刑之時，在五

匹馬身上分別繫上一根繩子，繩子的另一頭則分別繫在犯人的四肢以及頸部；再讓五匹馬分別奔向五個方向，犯人的身體一下子變得四分五裂。一代名臣，竟落得如此下場。

方孝儒是明代著名的散文家，學富五車，才華橫溢，燕王朱棣奪得皇位後，要他投降並命他起草詔書，他卻寫了「燕賊篡位」四字！朱棣要滅其九族，他破口大罵：滅我十族又如何？人本有九族，何來第十族？朱棣橫下一條心，把方孝孺的朋友、門生也列作一族，連同宗族合為十族，總計八百七十三人全部凌遲處死。凌遲，俗稱千刀萬剮，將犯人零刀碎割，使其極盡痛苦而死，這是古代最殘酷的刑罰，主要是針對謀反、犯上作亂之人設定的。

被誣通敵的明朝名將袁崇煥也被凌遲處死。凌遲分為很多種，大致有三十六刀、三百六十刀和三千六百刀三種。袁崇煥被執行的，就是最可怕的三千六百刀。不過幾乎沒有人能扛過三千六百刀，袁崇煥在被割了三千五百四十三刀後死亡。

本來簡單一刀就能取人性命，為何弄得這麼複雜？法國思想家米歇爾‧傅柯（Michel Foucault）在《監視與懲罰》（*Surveiller et punir: naissance de la prison*）中寫道：酷刑把人的生命分割成「上千次的死亡」，在生命停止之前，製造「最精細劇烈的痛苦」。酷刑盡可能讓受刑者感知死亡和恐懼，將痛苦無限放大。

對懲罰性的酷刑，當權者還要考慮的是觀眾的感受 —— 以受刑者的痛苦來「教化」大眾，使其不敢挑戰權威，從而忠於朝廷。朱元璋用酷刑「教導」的不只是普通官員，更有他眼中的威脅者。開國功臣藍玉被以謀反罪處死之後，也被剝了皮，朱元璋還下令把他的皮傳示各省，見者無不膽寒。

紅巾軍有兩套口號

中國歷史上農民起義提出的口號雖形形色色，但大體上不外乎三類。

一是聲討當朝的暴政和腐敗。如秦末陳勝、吳廣起義的「伐無道、誅暴秦」，明末張獻忠起義的「蕩平中土，剪除貪官汙吏」，隋末李密起義的「罄南山之竹，書罪無窮；決東海之波，流惡難盡」。

二是宣揚新的「天命論」——新朝取代舊朝是天命所歸。如王莽篡漢後綠林起義的「劉氏復起，李氏復輔」，東漢末年黃巾起義的「蒼天已死，黃天當立」。

三是描繪一個人人平等、財富平均的烏托邦社會。如唐末黃巢起義的「天補均平」，北宋王小波、李順起義的「吾疾貧富不均，今為汝均之」，南宋初鐘相、楊么起義的「等貴賤、均貧富」，明末李自成起義的「等貴賤，均田免糧」，太平天國洪秀全起義的「有田同耕，有飯同食，有衣同穿，有錢同使，無處不均勻，無處不保暖」。

從整體而言，農民起義的口號內容很複雜，但就每次起義來看，口號內容相對單一，絕大多數只是以上三類中的一種。改朝換代是一個複雜的系統工程，需要最大限度地調動和整合各種社會力量。內容單一的口號往往只能滿足一部分人的心理預期，因而只能調動一部分人的積極性。歷次農民起義大多以失敗告終，這有其複雜的歷史原因，但口號是一個不可忽視的因素。元末紅巾軍起義是一個例外，它有兩套口號。口號往往也是策略的反映。

　　因為透過宗教活動可以組織一部分力量，於是，紅巾軍初期的領導人韓山童就提出「明王出世」、「彌勒佛降生」的口號。明王是明教的神。明王出世的意思是光明必然到來，光明一到，黑暗就被消滅了，最後人類走向光明極樂的世界。彌勒佛是佛教裡的著名人物。傳說釋迦牟尼滅度後，世界就變壞了，人的生活極度困苦。幸得釋迦牟尼在滅度前曾說，再過若干年，會有彌勒佛出世，那時世界立刻又變得好起來：自然界變好，人心變善，搶著做好事，太太平平過日子；種的五穀，用不著拔草翻土，自己會長大，而且下一次種有七次的收成。這種宗教宣傳，對當時受盡苦難的農民產生了深遠的影響，他們希望有人來解救自己。

　　但是，這種宗教宣傳對知識分子難以發生作用，一些念四書五經的儒生更不相信這一套。因此，對他們還得有另外一種口號。於是紅巾軍的領袖們針對一些知識分子不滿元朝統治、懷念宋朝的心理提出「復宋」的口號。韓山童起兵之後被元朝政府殺害，紅巾軍就假託他的兒子韓林兒是宋徽宗的第九代子孫。

　　所以，紅巾軍有兩套口號：一套口號宣傳「明王再世」、「彌勒佛降生」，這有聲討當下惡政和描繪未來理想社會的雙重功能，可以有效地團結和組織農民；另一套口號以恢復宋朝政權相號召，團結社會上信仰「天命」的儒家知識分子。

　　作為紅巾軍的將領，朱元璋起初的力量並不強大。他能夠奪取天下，與他取得知識分子的支持分不開。他起兵後不久，就有一些知識分子投奔他，像李善長、馮國用、劉基、宋濂、章溢、葉琛等。這些人都是地區的知識分子，在地方上有威望。他們替朱元璋出謀策劃。在安徽時，朱升勸他「高築牆、廣積糧、緩稱王」。李善長、劉基勸他不要亂殺人，不要危害百姓，要加強軍隊紀律，並經常把歷史上成功的經驗和失敗的教訓講給

他聽。朱元璋從諫如流，最終問鼎天下。

　　而不屬於紅巾軍系統的那些反元力量，像方國珍、張士誠等人，都沒有像紅巾軍那樣提出相關宗教的、政治的鬥爭口號，最終他們都被歷史的洪流裹挾而去。

　　其實，太平天國起義軍聲勢浩大，得到農民的支持並不比紅巾軍少。但太平天國以舶來的「拜上帝教」為意識形態武器，旗幟鮮明地反對儒家，幾乎把當時所有的知識分子得罪光了。其政權自始至終都沒有得到知識分子的支持，幾乎沒有什麼著名的、重要的謀士。太平天國最終敗亡，與此不無關係。

紅巾軍有兩套口號

家奴當官

古代宮廷管理機構中，清代內務府算是個獨一無二的存在。獨特之處在於，其主要人員是包衣，他們在身分上屬於皇帝的家奴。

早在民族形成之初，部落成立之時，貴族按等級的不同，會分到數量不等的奴隸，這些奴隸被稱為包衣。包衣是貴族的私有財產，可以隨便處理，而且是世襲的，無論傳多少代，子孫都是主人的奴才。與通常意義上的奴才不同，這種奴才不只是做家事，還可以去外地幫助主人看管財產。專制王朝是家天下，如果主人當了皇帝，包衣也可被派到外地做官，替皇帝「看家」。

皇帝任用包衣為官，有其深層用意。按照滿族族規，包衣即便做了官，私下仍是皇帝的家奴。讓包衣當官，皇帝掌控朝局的手段，除了行政官僚體系這條常規途徑，又多了主奴這重私屬關係途徑。

包衣在清朝的政治制度中發揮著重要的影響力，尤其是在財政稅收方面。清代的幾個重要稅差皆由內務府包衣專任。乾隆即言：「各省鹽政、織造、關差，皆係內府世僕。」在清代朝廷收入之中，鹽課和關稅分別是第二、三大宗，這些稅收均由包衣經手。

包衣出任重要稅官的代表性例子，莫過於曹雪芹的祖父──曹寅。曹寅之母孫氏是康熙的乳母，曹寅與皇帝名義上雖為主僕，但實際上二者關係親密，因此曹寅長期擔任兩淮鹽政、江寧織造。康熙曾六度南巡，曹寅四次接駕。接待皇帝的高昂成本被轉嫁到鹽政、織造衙門，造成財務虧

空。康熙死後，在虧帑無法彌補的情況下，曹家被查抄，迅速走上衰頹之路。曹雪芹根據親身經歷寫出了鉅著《紅樓夢》。此例顯示包衣的仕途起伏受到皇權的影響，也說明包衣官員不過是皇帝掌權斂財的工具，有用則用，無用則棄，終歸不過是家奴而已。

身兼朝廷官員和皇帝家奴雙重身分的典型人物是英和。他二十三歲考取進士，後升為朝廷一品大員。即便如此，作為包衣出身的英和，必須為主人當差，盡奴僕之責。他在外朝任職，卻也必須兼任內廷差使，負責為皇家監修陵寢。應道光帝節儉的作風，英和「裁省」物料，不料陵寢漏水，皇帝大怒，英和被奪官發往黑龍江當苦差，兩個兒子也連同罷職遣戍。

清朝任用包衣為官的做法，類似於元朝的怯薛。成吉思汗為了鞏固大汗權力，大肆擴充自己的護衛軍 —— 從各級戶長和平民子弟中選拔，並稱他們為「怯薛」。怯薛的其主要職責是，平時輪班護衛大汗金帳，承擔各種雜役事務，大汗親征時則衝鋒陷陣。他們還經常奉大汗欽命出使各地建立怯薛軍。怯薛與大汗之間是主奴關係。

皇帝們將主奴關係帶入帝國朝廷的君臣關係當中。官僚體系因此在一定程度上喪失了公共性，其對皇帝的制約能力也遭到嚴重削弱，皇帝可以肆行己意，專權能力因而獲得前所未有的提升，而臣民則匍匐在地。

有歷史學者認為，中國古代專制制度的演進，導致國民性格大倒退，元明清三代尤甚。此言有些絕對，但說出了部分歷史真相。春秋時期的貴族精神，魏晉時期的風流，大唐的雄健，宋代的君臣共治，經歷元清兩次「主奴式統治」劫數，似乎只剩下「奴才該死」了。

古代平反有講究

中國古代歷史上的政治冤案數不勝數，當然也有不少蒙冤者獲得平反。探究統治者平反冤案的時機和方式，發現其中大有「學問」。

一是冤案製造者已經作古或失去權勢。絕大多數情況下，一個皇帝製造的冤案，總要等到新皇帝即位後，才有可能昭雪。

抗金英雄岳飛被宋高宗十二道金牌召回，最終冤死在風波亭。高宗在位末期，完顏亮發動侵宋戰爭，大臣中有人上書為岳飛鳴冤，但高宗不為所動。直到高宗當了太上皇，孝宗即位後，才「追復岳飛元官，以禮改葬，訪求其後，特與錄用」。

明英宗朱祁鎮在「土木堡之變」中被俘，于謙等人擁立英宗的弟弟朱祁鈺為帝。英宗復辟後，以意圖謀反的罪名殺了于謙。英宗之子憲宗即位後，才追贈于謙「特進光祿大夫、柱國、太傅」。

二是朝廷對平反有迫切的政治需求。如果沒有重要的現實原因，即使時間已過百年，製造冤案的當事人都已不在，朝廷一般也不會對冤案的全面平反有多少興趣。

漢武帝太子劉據在「巫蠱之禍」中被迫自殺。武帝死後，昭帝即位。昭帝之後即位的宣帝，是劉據的孫子。為了強化自身的皇位合法性，宣帝開始為祖父劉據平反，同時還藉機封賞了一大批恩人、外戚，從而建構起自己在朝廷中的嫡系勢力，以對抗當時的權臣霍光。

明朝萬曆皇帝即位後，平反了一樁集體冤案，下詔為「靖難」中為建

文帝盡忠而慘死的諸臣，如被誅殺十族的方孝孺等人，建廟祭祀。從建文帝的叔叔朱棣造反篡位算起，到萬曆帝時已近兩百年，大明帝國已進入暮年，當政者最大的希望是利益格局穩定下去，不被人打破。此時，就得大力提倡方孝孺等人對建文帝的赤膽忠心，也需要一再強調曾被自己祖先朱棣破壞的皇位繼承合法程序。因此，萬曆帝為方孝孺等建文朝忠臣平反，是出於一種政治需求。

三是為冤案尋找到了「替罪羔羊」，可以轉移責任了，或在理論上可以自圓其說了。

冤殺岳飛的主謀者是宋高宗，而不是秦檜。孝宗為岳飛平反，絲毫沒有動搖高宗的太上皇地位。高宗是借秦檜之力殺了岳飛，人們卻都把憤怒發洩到秦檜身上。為岳飛平反時秦檜已死，但其黨羽仍難逃清算。多少年來，秦檜鑄像長跪於西湖的岳飛墓前，而高宗卻一直「逍遙法外」。秦檜及其黨羽成了「替罪羔羊」。

西元一七六六年，清朝乾隆皇帝頒旨明示：不再視前南明朝廷為「偽政權」，也不再視抗清的明朝大臣為「叛逆」。乾隆此次政治表態，正式結束了官方對南明史長達一百年的否定立場。此時乾隆所關心的是，何種價值觀更利於維護政權的穩定？很顯然，乾隆需要的是強烈的忠君觀念，以及像南明史可法這樣明知不可為而為之的忠臣。

乾隆在褒獎忠臣價值觀的同時，還在頒定《欽定勝朝殉節諸臣錄》時埋下了暗線（保險絲），以免褒獎「走火」，傷及清政權的合法性。乾隆下令擴大表彰前明忠臣的範圍，不僅在書中加入了明初「靖難之變」的殉難者，還在書中收錄了大量對李自成起義軍進行抵抗的殉難者。全書真正意義上的抗清死難者比例只有兩成多一點。由此，乾隆既肯定了南明抗清者

的忠節，又極大淡化了《欽定勝朝殉節諸臣錄》的抗清色彩。

西元一七七六年，乾隆下令編纂《貳臣傳》，此書將降臣分為了兩類。「甲編」收錄了那些投降後對大清朝兢兢業業的降臣，對他們只是在道德上打入另冊，有批有褒；而「乙編」收錄的都是品行不端，尤其是那些降清後仍與前朝不清不楚的人。七年後，乾隆又下旨編纂《逆臣傳》，收錄的都是如吳三桂、耿精忠這樣的「降而復叛」者，或是當年曾先行投降李自成，清軍入關後再次投降清朝的明臣。

從「殉節」到「貳臣」，再到「逆臣」，就這樣，乾隆透過三本書對前明降臣進行分類定性，既肯定了忠臣價值觀，又極力避免傷到其統治的合法性，可謂費盡心機，一切以穩固統治為出發點。或許，在古代統治者眼中，所謂「平反」只是一種政治工具，與真相和正義無關。

古代平反有講究

蔡京是誰的替罪羔羊？

歷史上奸臣數不勝數，大多已成定論，基本上沒有爭議，如指鹿為馬的趙高、專橫跋扈的梁冀、笑裡藏刀的李義府、口蜜腹劍的李林甫、萬惡不赦的嚴嵩。還有些人則面目複雜，不能簡單粗暴地列為奸臣，蔡京便是如此。

蔡京被扣上奸臣的帽子，肇始於一次太學生運動。宋徽宗宣和六年（西元一一二四年），太學生陳東等上書，歷數蔡京等六人之罪，請誅「六賊」，以謝天下。自此，「六賊」一詞，便刻入史冊，成了歷史的定案。蔡京身居「六賊」之首的臭名也廣為人知了。

歷史上真實的蔡京，是個頗有作為的能臣 —— 至少也是個有建樹的權臣。蔡京進士出身，先後四次擔任宰相，任期長達十七年，做了不少好事。改革家王安石認為他有安天下的宰相之才。

蔡京當政時期，推行濟貧福利制度力度之大，在古代史上是罕見的。他主持興建了居養院和安濟坊。居養院相當於現在的福利院，安濟坊則相當於醫院。居養院收養對象重點是孤寡老人、難民、饑民、孤兒、流浪兒、殘疾人等弱勢群體，生活無著落者也可以得到救助。如若生病，可以在安濟坊享受到免費醫療，死後可以葬在官家購買的「福利性公墓」——漏澤園。

北宋時期多戰爭，耗費很多錢財，不只有戰爭的損失，還有戰敗賠款，國庫常年空虛。蔡京主持經濟之時，對茶、鹽、酒業進行大改革，讓

商品在全國範圍內自由流通。這不僅減少了政府經營成本，同時增加了很多財政收入。

在教育方面，蔡京推行的舉措有：全國普遍設立地方學校；建立縣學、州學、太學三級相連繫的學制系統；新建辟雍，發展太學；復設立醫學，創立算學、書學、畫學等專科學校；罷科舉，改由學校取士。蔡京本人還是成就卓著的書法家。

當然，蔡京在德行上也有瑕疵。他為了維護新法，大肆剷除異己；常常灌輸不正確的價值觀給宋徽宗，認為人生短暫，應及時行樂；他個人生活奢靡腐化。但這些不足以給他扣上奸臣的罪名，其實，蔡京是誤國庸君宋徽宗的替罪羔羊。

宋徽宗作為書畫大家，藝術造詣精深，但他不是一個好皇帝。他作為一國之君，卻沉溺於藝術，荒蕪朝政，過分追求奢侈生活。他尊通道教，大建宮觀，經常請道士看相算命，不問蒼生問鬼神。在他統治期間，社會矛盾突出，農民起義風起雲湧，國家危機四伏。

陳東上書不敢針對皇上，老宰相蔡京成了他的靶子。治國無能的宋徽宗沒有認錯，來個「罪己詔」什麼的，而是把蔡京當替罪羔羊，將其罷黜。宋欽宗不但繼承了他爸的大位，還繼承了他爸的無能和錯誤。最終他們父子同被金人擄去，受盡屈辱而死。宋欽宗要是能正確對待陳東上書，平反冤案，糾正宋徽宗後期所犯錯誤，北宋可能就會是另一種政治局面。

蔡京被當作奸臣定格在歷史的恥辱柱上，除因為朝廷和官史的武斷定評外，還因了文學作品的渲染誇張。曹操「奸雄」的形象，因了《三國演義》而深入人心。黑化蔡京，以《金瓶梅》和《水滸傳》為代表。

《金瓶梅》作者借古諷今，表面寫宋朝，實為寫明朝。書中描寫蔡

京，其實是在影射明朝大奸嚴嵩。作為嚴嵩的藝術形象的蔡京，自然被描寫得罪大惡極。蔡京成了現實中鉅奸的替罪羔羊。

《水滸傳》主題是官逼民反，但不反皇帝，只反貪官，書中蔡京是貪官的主要代表，必須把他描寫得極壞，才能說明造反的合理性。從根本上而言，逼反百姓的是皇權體制，在這裡，蔡京「蒙冤」，成了體制的替罪羔羊。

蔡京是誰的替罪羔羊？

從朝臣到廠衛

　　宰相，一人之下，萬人之上，常常對皇權構成威脅。皇帝總喜歡用身邊人來架空宰相。臨時團隊時間長了就演變成了正式的宰相，皇帝又不信任了，又開始用自己的另一撥親信組成新團隊取而代之。那麼問題來了，如果皇帝覺得朝臣外官都不可信怎麼辦呢？

　　明太祖朱元璋為了獨攬大權，乾脆廢除了宰相制度。朝廷本來有一套正式的監察系統，中央有都察院和六科給事中，地方有按察使；但朱元璋覺得都靠不住，便在私人衛隊的基礎上設立了特務機構 ── 錦衣衛，負責偵察各級官員的言行舉止。「廠衛」制度由此發端。「廠衛」是明代特務機構的統稱，包括後來的東廠、西廠和內廠。

　　錦衣衛之下有南北鎮撫司，南鎮撫司掌管本衛刑名和軍匠，北鎮撫司專治詔獄，可以直接奉詔行事，不必經過外廷法司的法律手續，甚至本衛長官也不得干預。朱元璋把功臣殺得差不多，穩固了統治之後，便解除了錦衣衛的典詔獄權，大小案件都由法司治理。明成祖朱棣雖是靠推翻父親的接班人建文帝而上臺的，但依然用得著父親發明的統治工具，於是錦衣衛恢復了權勢，繼續做皇帝的耳目，擔負了獵犬和屠夫的雙重任務。

　　錦衣衛雖親近，但在編制上到底是外官，朱棣仍是不放心；再說時間一久，錦衣衛的權力日益成長，這在皇帝看來又是一個威脅，必須要另換一批新的特務來取而代之。朱棣當初起事時，曾利用建文帝左右的太監打探消息，即位以後，以為這些太監忠心可靠，特設一個東廠，由心腹太監

執掌，職責是「緝訪謀逆妖言大奸惡」等；由是，誣陷、屠殺、製造冤獄大行其道。除皇帝外，任何人都在它的監控之中，包括錦衣衛自身人員。

西廠由明憲宗朱見深設立，起因是「妖狐夜出」。一個道士以符術和太監勾結，私入內宮，事發被殺。朱見深厭惡此事，急於知道外面情況，雖有東廠，他還覺得不夠，於是便叫太監汪直帶人化裝出外偵察。偵察了將近一年，外人竟都不知道。朱見深非常歡喜，就索性大規模進行起來，設立了西廠，由汪直執掌。西廠所偵察的範圍，不僅限於京師。各地王府邊鎮，以及南北河道重要地方，甚至各省府州縣，都有西廠的特務。西廠所領的特務人數，比東廠多一倍，權勢超出東廠。內廠又叫內行廠，是明武宗朱厚照設立的。專制政治發展到最厲害的時候，統治者不但對臣民不放心，對自己的特務也不會完全信任，往往另用一批特務來監視前一批特務。內廠就是這種特務中的特務之機關，東廠、西廠、錦衣衛都在它的監察之中，其行為比東西兩廠更為酷烈。內廠在其頭目劉瑾伏誅時被廢。後來在萬曆初年設立、由太監馮保執掌的特務機構也叫內廠。

明朝四大特務機構除錦衣衛外，其餘都由太監執掌。其存在時間長短不一，但其設立大體上遵循這樣的規律：皇帝覺得原來的特務機構不可靠時，便由更加親信的人設立新的特務機構。由外朝到內廷，從衛隊到太監，最高偵緝權始終由皇帝親信掌握，於是就構成了一條從外到內的統治工具鏈條：朝臣→錦衣衛→東廠→西廠→內廠。層層緝伺、層層作惡，以至於人人自疑、人人自危，造成了政治恐怖。

政治闢謠的金匣子

古代政治不透明，上層政治，尤其是宮廷祕密，歷來被統治者所遮掩，這為謠言提供了大量空間。各方勢力重視運用輿論力量影響朝政，因而極盡造謠之能事。政治謠言滿足了好奇心，人們在茶餘飯後津津樂道。上下推波助瀾，政治謠言的殺傷力驚人。「周公恐懼流言日」，即便是忠誠和智慧的周公，也懼怕謠言。

周公是西周開國功臣、周武王之弟。周武王病危時，周公曾向上天祈禱，請求代替周武王去死。事後，史官將周公所寫的祈禱書裝進金匣子。周武王去世前，委託周公輔助年幼的周成王治國理政。周公在輔政期間，制禮作樂，開疆拓土，建立不朽功業。然而他的三位兄弟管叔、蔡叔和霍叔，認為周公要將王位據為己有，便四處散布其欲篡位的謠言。不明真相的人盲目附和，一時流言四起，周成王也開始懷疑周公。管叔、蔡叔和霍叔以此為藉口，聯合紂王的兒子武庚，和東夷部落一起反叛。周公領軍東征，成功誅殺管叔，流放霍叔，囚禁蔡叔，平息了叛亂。後來有一次，王室裝檔案的金匣子被風吹開，以前周公請求替周武王去死的祈禱書露了出來，周成王這才相信周公是忠臣。

三國時期魏國曹植寫了一首詠史政治詩〈怨歌行〉，「為君既不易，為臣良獨難。忠信事不顯，乃有見疑患。周公佐成王，金縢功不刊」，透過敘述周公誠心輔佐周成王而被疑這段史實，抒發了詩人自己不被理解，忠而被疑的痛苦，並希望魏明帝曹叡也如成王一樣能夠理解他。

　　這首詩被東晉的桓伊用來勸諫皇帝，為忠臣說話。孝武帝晚年嗜酒好色，親近阿諛奉承之徒。當時，宰相謝安受到奸險小人的攻擊，王國寶是其中之一。王國寶仗勢欺人，謝安對他進行管束。王國寶心生不滿，挑撥君王和宰相的關係。別有用心的人也造謠生事、煽風點火。桓伊看到皇帝被一群小人包圍，很為國家前途憂慮。有一次，孝武帝請桓伊赴宴，謝安陪坐。精通音樂的桓伊就一邊彈箏，一邊歌唱曹植的〈怨歌行〉，借周公之事為謝安鳴不平。孝武帝聽出了桓伊的用意，想起謝安對皇室一片忠心，自己卻聽信讒言，無端猜疑，不由得面露羞愧之色。

　　無獨有偶。唐朝高僧玄奘在《大唐西域記》中也記載了一個金匣子裝「忠心」的故事。玄奘向西求經途中路過的龜茲國，曾有個國王篤信佛教，他要到遠方去瞻仰佛的遺跡。離開前，國王把弟弟叫到跟前，請他代管這個國家。弟弟在國王臨行前交給他一個金匣子，並且告訴他，一定要等他回來之後才能開啟。國王當時也沒多想，帶著匣子就走了。誰知國王回來以後，朝中大臣就向國王揭發，說弟弟趁他不在時與嬪妃淫亂內宮。國王暴怒，準備對弟弟施以極刑。弟弟卻不慌不忙地提醒國王開啟那個匣子。原來，弟弟把自己的生殖器割下來，封在匣子裡讓哥哥帶走。連基本功能都沒有了，淫亂自然是無稽之談，兄弟之間的誤會煙消雲散。

　　權力是一把雙刃劍，它既能腐蝕忠誠，也能腐蝕信任。權力實在太誘人，臣子大權在握，就有順勢上位的可能。君主心懷疑懼，對權臣的信任大打折扣，猜忌和防範便如影隨形。

　　弟弟有著近乎冷酷的清醒認知，他早就預料到，由他來代管王國，各種謠言和猜忌便會隨之而來。他如果不這樣做，即使是清清白白，國王也很可能聽信讒言，那麼自己定是難逃一劫，所以他不惜以事前自宮這種極端而奇特的方式來證偽謠言。

修史中的徇私作偽

　　古代統治者很重視修史，把它當作建構統治合法性的重要文化工程，因而對編撰者的品、識、才要求甚高。不過，皇帝的用人標準不一樣，所選之人亦是良莠不齊。一些編撰者因個人恩怨或掩蓋或扭曲歷史，所以說修史這項看起來高大上的公權力行為，也可能被品行不端者用來徇私。

　　因個人恩怨而扭曲歷史，最典型的莫過於許敬宗。唐高宗時，許敬宗一躍而成為兩朝實錄的改修負責人。在改修時，他肆意扭曲事實：為了扳倒政敵長孫無忌，對其進行詆毀，誣其謀反，欲將其置之於死地。褚遂良與長孫無忌聯手，對許敬宗之流進行了鬥爭；因此許敬宗在其所改的《唐太宗實錄》中，對褚遂良也進行了誣陷。封德彝曾嘲笑許敬宗貪生怕死，許掌握改修實錄大權後，對封大肆詆毀。

　　除了攻擊仇敵外，許敬宗還為自己和親戚粉飾，他採用「移花接木」之術，將唐太宗賞賜給長孫無忌的〈威風賦〉，說成是給尉遲敬德的，這是因為他與尉遲敬德乃聯姻關係；同時，他還為女婿虛抬門面。

　　極盡粉飾之能事的還有沈既濟。唐德宗時，沈既濟為楊炎所薦擔任史官，出於個人感恩心理，在所修《建中實錄》中，對楊炎進行了粉飾，為楊炎收復河隴的主張唱頌歌。安史之亂後，河隴之地為吐蕃所占。楊炎任相後，提出收復河隴之地。為了證明楊炎主張的正確性，沈既濟便在所修《建中實錄》中，對大唐派往吐蕃的使者韋倫所見河隴之地的情況，進行了帶有傾向性的描述，稱滯留在河隴之地的唐朝士兵約五十萬人，被吐蕃

當作婢僕，受盡了折磨。他們希望王師收復河隴，使他們重見天日。楊炎的主張，因為引起兵變而流產，朝廷採取了與吐蕃談判的政策，但沈既濟仍在《建中實錄》中為其大唱讚歌。

《明太祖實錄》書影

　　《明實錄》的修纂者也常因個人恩怨而任情褒貶。《明英宗實錄》記「土木之變」後，太監李永昌慷慨陳辭，力主抗戰。其實，這是李永昌的兒子李泰在為之飾美。太監中力主抗戰的是金英，而非李永昌。《明憲宗實錄》的總裁、吏部尚書劉吉與內閣大學士劉珝、尹旻因爭權不和，便在主持修實錄時對此二人進行誹謗，把尹旻描寫成一個遇事畏縮、變節自首的人，而劉珝則成了挑撥離間的小人。同是這個劉珝，在《明孝宗實錄》中卻成了一個品德高尚的人。有歷史學家指出：「同是一人，出於仇筆則為盜跖，出於故舊則又成夷、惠矣。」可謂一針見血。

　　二十五史之一的《魏書》，因大量扭曲事實而被稱為「穢史」。其撰修者魏收說得最露骨：誰要是敢與我過不去，我手中的筆就不饒人，翻手為

雲，覆手為雨，吹之上天，噓之入地。魏收曾得過陽休之的幫助，又受了爾朱榮之子的賄金，因而在為陽休之的父親陽固以及爾朱榮作傳時，極力掩飾他們的罪惡，甚至顛倒黑白，極盡溢美之詞。

《南齊書》編撰者蕭子顯出身前朝帝王之家，為齊高帝蕭道成一系的子孫後輩，又是當朝梁武帝蕭衍的臣僚。豫章王蕭嶷為齊高帝第二子，是蕭子顯的父親。蕭子顯為了突出父親的地位，自然要處心積慮地粉飾誇張：第一，特立專卷，以示與〈高祖十二王傳〉不同；第二，肆意渲染，全傳行文長達八九千字，大大超過了應有的比例；第三，無端拔高，把他父親吹捧為「宰相之器」，功勳蓋世，可比周公。

不難理解，古代統治者為了建構統治合法性而修史，最終目的是維護一姓王朝的整體利益；而編撰者徇私造假，只不過是搭了王朝體制的「便車」而已。

修史中的徇私作偽

西門慶的焦慮

　　長篇世情小說《金瓶梅》表面寫宋代，實則寫明朝。它透過對兼有官僚、惡霸、富商三種身分的西門慶及其家庭生活的描述，為讀者展現了一個由擅權專政太師、地方官僚惡霸，乃至市井地痞、流氓、幫閒所構成的汙濁世界。可以說，此書是真真切切的晚明社會風情畫，也是入木三分的官場現形記；既是西門慶的黑色發家史和縱慾沉淪史，也是他的官場掙扎史。

　　西門慶本是小商人家庭出身。他透過娶有錢的寡婦為妾、私吞親戚家財產等手段，完成了資本的原始累積。隨著經濟實力的急遽膨脹，他常年占據清河縣財富榜的首位。

　　雖然西門慶很富有，卻也只是一個土豪，沒什麼根基。受「官本位」文化影響，一些商人一旦發了財，首先想到的是得到官府庇護，或試圖直接進入官場。西門慶透過給權傾朝野的蔡京送禮，得到清河縣理刑副千戶之職，後升為正千戶。

　　西門慶謀上官職後，就開始了以權謀私、以官護商的生涯。西門慶的官僚交際網，隨著他財力的不斷擴充，社會地位的不斷提升，也有所變化：初時有生活在清河縣城的下級官僚，如夏提刑、荊都監、張團練、周守備、賀千戶等；中後期則主要是往來於山東的中級官僚，如蔡狀元、宋御史、楊提督等，還有朝中上層權貴蔡太師、楊戩等人。

　　然而，靠金錢上位的西門慶，在那些文官面前，地位很低。

他曾對兒子官哥兒說：「兒，你長大來，還賺個文官。不要學你家老子，做西班（武官）出身，雖有興頭，卻沒有尊重。」

西門慶的官場自卑感，在一個女人面前表現得尤為露骨。在他的獵豔史裡，有一個林太太很特別。她是王招宣的遺孀，王家屬於清河縣的名門望族，甚有權勢。西門慶想透過征服官太太來獲得自信。不過，西門慶第一次見林太太，竟恭恭敬敬給她下了跪 —— 哪裡像來偷情，倒像臣民覲見皇上。

西門慶對一個官員遺孀尚且如此，對官場上級就更不敢怠慢了，常常要花錢賠笑，小心伺候。蔡太師過生日，西門慶得提前幾個月準備禮物，禮物不僅要貴重，還得別出心裁。不僅僅是大人們，大人家裡的僕人也得用心打點。蔡太師的翟管家老婆死了，沒有子嗣，想找個年輕女子傳宗接代，這也得西門慶張羅。

除此之外，平時和地方官員的交往、應酬，都有門道和套路，都得動腦筋、花銀子。西門慶不缺銀子，但不敢怠慢任何官員。西門慶天天處於這樣的應酬中，天天都在考慮怎麼迎合上級，每天都很焦慮。一些焦慮能用銀子化解，但有些焦慮，連銀子也派不上用場。

蔡太師的兒子、禮部尚書蔡攸前來清河縣視察，向西門慶要了府邸的一個獨院居住。蔡尚書這次來是通敵賣國的，他把宋朝的兵馬糧草分布圖交給了金國太子 —— 如果宋朝戰敗了，便能以此功換取日後的飛黃騰達。不料，兵馬糧草分布圖、蔡京給金國的通敵書信和一些銀子，一起被盜。

蔡尚書很著急，被偷的東西要是被別人告發了，那得株連九族。小偷抓也不行，不抓也不行。蔡尚書下令知縣李達天限期破案，李知縣把破案

任務交給夏提刑。夏提刑看蔡尚書的神態，知道事有蹊蹺不好辦，況且東西是在西門慶府邸裡被偷的，西門慶還是負責治安的副提刑官，於是把皮球踢給了西門慶。西門慶心裡暗暗叫苦。他早就偷聽到蔡尚書和金國太子之間的交易，此事是通敵大罪，不能讓更多人知道真相，只能偷偷地辦案，還要假裝自己不知道內情，否則很可能被蔡氏父子滅口。高層通敵賣國，讓基層左右為難。西門慶陷入深深的焦慮之中。

官場焦慮加上幾乎每天縱慾，兩害疊加，不斷摧殘西門慶的身體，最終他在三十三歲的黃金年齡死去。門庭敗落，人去財散。

西門慶的官場焦慮，實質是財富焦慮。雖然明朝中晚期的商業很發達，但由權力說了算的格局，依然沒有得到改變。更何況西門慶的財富大多靠巧取豪奪、官商勾結而來 ── 這令他沒有安全感。他必須緊緊依傍權力，苦心經營官場。

不過，不管西門慶是早年在衙門幫閒，還是後來巴結蔡太師當上乾兒子，謀得提刑官之職，他都不過是權力機器上的一顆螺絲釘、官僚體系中的一枚棋子，始終無法主宰自己的命運，即便有鉅額財富加持，也是如此虛弱不堪。

西門慶的焦慮

劉秀信不信讖緯？

清代史家趙翼在《廿二史劄記》一書中有一條目，題為「光武信讖書」，專講光武帝劉秀迷信的一生。在人們印象中，劉秀是一位雄才大略、文武兼備的開國之君，怎麼會是迷信之輩？其實，劉秀對讖緯的態度深藏玄機，這表現了古代政治家的複雜性。

新莽朝後期天下大亂，社會上流行一個讖語：劉秀當為天子。王莽的國師劉歆上了心，為了應這個讖語，乾脆改名為劉秀。有一天，真劉秀和朋友們談起那個讖語，有人說：這是指國師劉歆吧？真劉秀一笑：安知不是我呢？後來劉秀真當了皇帝，對讖緯極其重視，對輕忽讖緯的大臣，重則嚴加懲處，輕則不再重用。

尹敏是一位經學大家，他投靠光武是希望發揮自己的特長，誰知光武卻讓他整理讖緯書籍。王莽深信讖緯，將原來的讖緯圖書攙入了許多有利於自己的內容。尹敏的工作就是去掉這些書籍中王莽的痕跡。尹敏不以為然：讖緯書籍本來就不是聖人之作，而是後人杜撰的，就算恢復了王莽之前的模樣，照樣是偽書，整理這樣的書籍會誤人子弟。光武卻認為：讖緯與經書一樣，同樣是聖人留下的教導。

光武在尹敏校訂過的緯書中發現有一句：君無口，為漢輔。所謂君無口，恰好是一個「尹」字，如果這句話當真，就意味著應該請尹敏入閣輔政。面對光武帝的質詢，尹敏這樣回答：我見前人偽造圖書，也不自量力偽造一把，萬一成了呢？光武知道尹敏這是在諷刺自己過於相信讖緯，心中不悅，便冷落了尹敏。

劉秀像

　　這是否就可以斷定光武真的篤信讖緯呢？現代史家呂思勉在《秦漢史》一書中提出質疑，「讖文妖妄，豈有以中興之主而真信之之理」，同時視光武君臣為讖緯的「造作者」。言下之意，光武出於政治目的而製作了讖緯。

　　西漢末年，讖緯興起，並在王莽代漢過程中發揮了巨大效用，社會上形成了一種普遍心理，即合於讖緯者即為「受命」之天子。光武在統一天下過程中效仿王莽，利用讖緯宣揚「天命」，獲取政治權威 —— 這不過是借梯上屋，順勢而為。光武對讖緯保持著清醒的認知：隨政治局勢的變化而適時、有條件地加以利用，並非一味篤信讖緯，也不盲從讖緯所言。

四川軍閥公孫述趁著天下大亂，自立為帝。他以讖緯為自己打造輿論攻勢，說孔子作《春秋》為漢朝製法，裁斷漢朝一共為十二代帝王，現在正好氣數已盡。公孫述又引述一部神祕文獻《錄運法》，說「廢昌帝，立公孫」，而他自己就複姓公孫，所以正應該代漢而立。

　　公孫述是劉秀統一天下的障礙之一，絕不能讓他在輿論上占得優勢。劉秀專門寫信給公孫述：你解錯文獻理了，「廢昌帝，立公孫」，明明說的是在漢昭帝死後，霍光先立了昌邑王，後來見昌邑王荒淫無道，就廢了他，從民間招來衛太子的孫子立為皇帝，是為中興漢室的漢宣帝，跟你公孫述一點關係都沾不上。至於劉姓江山的受命期限，讖緯上明明說代漢而立的是當塗高，可不是你公孫述！你別學王莽弄那些神神怪怪的東西，要知道，迷信是會害死人的！

　　看來劉秀是個明白人，知道讖緯是騙人的把戲。他之所以酷愛這一套，也不過是把它當作政治工具。平定天下之後，劉秀對當時社會流傳的讖緯進行整理，刪除了不利於己的讖緯。透過統一讖緯，官方制定出一套裝務於劉氏皇權的神學理論。

　　在劉秀們眼裡，一件事的真假並不重要，重要的是大家是否把它「當真」。至於選擇「信」還是「不信」，關鍵看哪種對自己更有利。

劉秀信不信讖緯？

李斯的「老鼠哲學」

秦相李斯提出了著名的「老鼠哲學」，其有兩個特點：一是鼠目寸光，只注重現實利益，不知仁義道德為何物；二是有恃無恐，沒有敬畏之心。這種「哲學」，既指引李斯走向了權力的巔峰，也導致了他人生的覆滅。

李斯本是楚國上蔡的一名小吏。他見到官舍廁所裡的老鼠，又髒又臭，在糞便堆中東嗅西尋，找到一點食物，便如獲至寶，剛要咬齧，有人或狗走近，立時驚恐逃竄。而那官府糧倉中的老鼠，既無饑饉之憂又無風雨之愁，養得又肥又大，看見人來不但不逃，反而瞪眼看人，神閒氣定。這情景好似晚唐詩人曹鄴在〈官倉鼠〉一詩中所描述：「官倉老鼠大如斗，見人開倉亦不走。」

看到廁鼠和倉鼠的不同處境，李斯不禁發出感慨：「人之賢不肖譬如鼠矣，在所自處耳！」言下之意，人也如老鼠，本無賢良卑劣之分，爬到社會頂層，就安享榮華；居於人下，就要歷經磨難。

李斯不滿足於現狀，他要學倉鼠般爬上高位。他前往齊國，拜荀子為師。學成之後，李斯卻沒有為故國效力。此時的楚國已是江河日下，李斯認為留在故國，如鼠在廁，看不到希望；其他東邊各國，也無不是在苟延殘喘，這些都不是他建功立業的理想之地。他把西邊強悍的秦國當作可以棲身的「官倉」。

向荀子辭行時，李斯坦率表露心志：人生的恥辱莫過於卑賤，一世的悲哀莫過於窮困。有些人自甘於卑賤貧困，毫無作為，反而譏諷別人貪榮

求利；這不是他們不想要，而是沒有本事去謀求富貴。我要到秦國大展宏圖。

李斯把秦國強盛的原因，歸結為秦能為達目的而不擇手段。李斯這種強烈而偏狹的功利觀伴隨其一生，成為催他奮進的動力。但又是這名韁利鎖，在關鍵時刻模糊了他的雙眼，使他不能冷靜地思考和理智地抉擇。

李斯到秦國後，先依附呂不韋，後又取得秦王嬴政的信任，助其一統天下，自己也因此爬上丞相的高位。李斯為了防止韓非搶他的風頭，奪他的榮華富貴，設計害死這個昔日同窗。秦始皇駕崩後，趙高勸說李斯一起發動沙丘之變，擁立胡亥繼位。趙高早已看穿李斯是什麼人，於是有針對性地為他分析利弊：公子扶蘇仁厚，與大將蒙恬私交甚好，一旦繼位，就會用蒙恬為相，奉行嚴苛律法治天下的李斯，必然靠邊站；如果擁立胡亥繼位，李斯就是大功臣，其相位便可以保住。李斯飽讀史書，當然明白擅易嗣君的嚴重後果；但信奉「老鼠哲學」的李斯，現在已是住進「金庫」的老鼠，自然不願意再住回「糧倉」了。為了眼前的一己私利，他參與了這場陰謀：假借秦始皇的名義，賜死了公子扶蘇和蒙恬，立胡亥為帝。

趙高拉攏李斯，本來就是權宜之計。胡亥坐穩皇位之後，李斯就失去了價值。趙高早就覬覦丞相之位，他設計陷害李斯，將其滿門抄斬——李斯最終被判腰斬之刑。

明末清初學者丁耀亢認為，李斯不過是一隻老鼠，「始而謀飽，終而齧人，秦之社遂以空」。「老鼠哲學」不但害了李斯自己，也在一定程度上導致了秦朝的短命。

李斯輔佐秦始皇多年，秦王朝也留下了他這個法家的思想烙印，「老鼠哲學」已深深地影響了朝廷的政策走向；再加胡亥上臺後倒行逆施，不施仁義，有恃無恐，豈又能持久乎？

嚴嵩的蛻變

　　明朝嘉靖帝時期，嚴嵩掌控內閣二十多年。他一味媚上，竊權罔利，貪贓枉法，殺害無辜，不重國事，只重私慾。《明史》將他列為明代六大奸臣之一，天下後世視之為「小人之首」。其實，嚴嵩並非一開始就十惡不赦。

　　嚴嵩出生於江西，十九歲中舉人，二十四歲殿試獲二甲第二名，擔任翰林院編修。祖父和母親相繼過世，他辭官歸鄉丁憂守制。在鈐山之麓隱居期間，他博覽群書，寫下大量詩文，文學和書法頗有造詣。十年後重回翰林院。

　　在隱居鄉間和回京旅程中，嚴嵩接觸到社會底層，看到勞苦民眾的悲慘生活，他在詩作〈野泊〉中寫道：「野外蕭條燈火稀，空江孤艇暫相依。年荒觸目俱堪駭，隔岸燎原驅虎歸。」充分展現了他對時局不穩的擔憂，對人民生活的同情。此時的嚴嵩，還有一股正氣和儒家知識分子的情懷。重回朝廷不久，他直接上疏明武宗朱厚照，痛斥他懈怠政務，寵信宦官，置江山社稷和黎民百姓不顧。皇帝藉故把他調離北京。

　　朱厚照沒有兒子，他的堂弟朱厚熜繼承了皇位，是為嘉靖帝。嘉靖的親爹在世時沒有做過皇帝，但嘉靖要將其作為皇帝來尊崇。此前雖已追尊為皇帝，但尚未稱宗入廟。嘉靖早就想解決這個問題，但因阻力太大，未能如願。

　　嘉靖並未死心，諂媚求榮者也在窺測時機。禮部主事豐坊上疏，提出

復古禮，建明堂，尊嘉靖之父為宗，嘉靖命令禮部立即施行，引起士大夫的普遍反對。

此時作為禮部尚書的嚴嵩，左右為難。順從皇帝，會招致眾怒；抗旨不遵，會失寵罷官。他先呈上一份模稜兩可的奏疏，關於嘉靖之父配祭和稱宗入廟，沒有明確表示可否。嘉靖不悅，令禮部再集廷臣商議，必按其志施行。戶部侍郎唐冑抗旨力爭，被逮入獄，削官為民。見此陣勢，嚴嵩嚇得連忙改口，上疏明確表示皇上「聖明卓見」，其父應該配祭。對於嚴嵩能夠改弦更張，皇帝很高興。禮部尚書態度的轉變，具有舉足輕重的作用，配祭之事便決定下來。

接下來的稱宗入廟之議，嘉靖親自撰寫〈明堂或問〉一文，闡述自己的主張，要求群臣鸚鵡學舌，予以迎合附會。如果說，在議配祭時，嚴嵩還有些觀望的話，那麼此時則是絕對逢迎。他呈上多篇奏疏，製造輿論，表達忠心。在這些奏章中，他首先痛罵自己愚笨，發表了與皇上意志不合的意見。接著便對皇上稱宗入廟的聖諭大加吹捧。嚴嵩的阿諛令人不恥，卻獲得成功，稱宗入廟遂成定局。為了酬獎嚴嵩，皇上賜其大量錢財，加封太子太保，升為一品官階。

這在嚴嵩的仕途中具有決定意義，是他政治生涯的新起點，從此贏得皇帝的寵信。本來，嘉靖之父稱宗入廟有違封建禮儀，也不符合嚴嵩所受的儒家教育。剛開始他也敷衍抵制，在嘉靖威逼下，他變得徹底順從，這是他人生蛻變的關鍵一步。從此走上了擅權亂政、貪殘誤國的不歸路。

對於嚴嵩的轉變，史學家看得很清楚，以至於清代谷應泰說：「非特嵩誤帝，帝實誤嵩。」言下之意，不是嚴嵩讓嘉靖成為壞皇帝，而是嘉靖讓嚴嵩成為了壞臣子。此言有些絕對，但道出了部分歷史真相。

嚴嵩侍奉獨斷專橫之主，而自身「功夫」又不過硬，最後落得個身敗名裂，活活餓死。而同時代的海瑞，鐵骨錚錚，寧受廷杖下獄，也要犯顏直諫，成為一代清官，留名青史。對比嚴嵩和海瑞的命運，令人深思。

嚴嵩的蛻變

蜂巢蟻穴的烏托邦

　　中國歷史上的大一統專制制度，秦始皇是肇始者和奠基人，朱元璋則是集大成者。建立明王朝後，朱元璋窮盡一切手段，將專制制度推向巔峰，皇權的觸鬚幾乎無所不至，接近極權。朱元璋為何將專制制度發展到令人恐怖的程度？這可從他〈蜂蟻論〉一文中找到思想上的蛛絲馬跡，《明太祖御製文集》收有此文，大意是：

　　蜜蜂和螞蟻是世上微小的生命，它們居住在巢穴內，有嚴格的紀律，不可違犯。在蜂巢內，有居民，有衛士，也有宮殿和尊重蜂王的嚴肅綱紀。蟻穴建於地下，其結構和規矩與蜂巢類似。

　　螞蟻雖然微小，卻懂得天冷時將穴封上，天氣回暖時再開啟。它們巡防守護邊界，尋採食物，或列陣於長堤之下，或出沒於草木之上，都有統一的紀律，好像士兵聽從將軍的命令。蜜蜂雖小，卻有毒刺，勇敢，戰鬥力強大；螞蟻雖小，卻能成群結隊而行，紀律嚴明。

　　此文的落腳點是：「蜂蟻如是，人頻犯法，何為靈乎！」朱元璋這是在反問：蜜蜂和螞蟻都遵章守紀，各司其職，而人類卻頻頻犯法，到底哪個更具有靈性呢？言下之意，人類連蜂蟻都不如。事實上，朱元璋是把臣民當作蜜蜂和螞蟻來治理，妄圖在大明國土上建成一個蜂巢蟻穴式的烏托邦社會。

　　有歷史學家黃仁宇評論，「朱元璋的明朝帶著不少烏托邦的色彩，它看來好像一座大村莊而不像一個國家。中央集權能夠到達如此程度乃因全

部組織與結構都已簡化,一個地跨數百萬英畝土地的國家已被整肅成為一個嚴密而又均勻的體制」。

朱元璋知道,專制帝國的最佳統治模式,是建立在一盤散沙式的小農社會之上。因此,他動用行政力量,組織了人類史上最大的政府移民行動,將人口分散到全國各地。他要製造一個平均化的社會,使基層社會的成員不會相互「融合」。原子化的個人,對皇權的控制沒有抵抗力。

出身社會最底層的朱元璋推翻了元朝,卻繼承了其嚴格的職業世襲制。他把全國人口分為農民、軍人、工匠三大類。職業先天決定,代代世襲,任何人沒有選擇的自由。朱元璋又建立了嚴厲而周密的戶籍制度(也稱黃冊制度),維繫著職業世襲制,也防止百姓自由遷徙。他還把歷代沿襲下來的「里甲」制度,強化成了鑲嵌式的社會控制體系:把每十戶編為一甲,每一百一十戶編為一里。一里之內的居民,都有互相監督的義務,實行連坐,一家犯法,全體受罪。

為了讓各個階層各色人群各安其分,朱元璋制定了等級嚴格的禮儀。從官府層次上看,有朝廷之禮,王國之禮,府、州、縣之禮;從人的身分上看,有天子之禮、后妃之禮、宗室勳戚之禮、百官之禮、庶民之禮。這些有關禮的制度,基本上是以官服佩飾定品級,居室車馬明身分,璽文印信表尊嚴,使君臣吏民的差別法則化、規範化。以冠服為例,規定了皇帝、后妃、諸王、百官、士人、吏員、皂隸、平民、樂戶等衣冠服飾的標準,包括樣式、顏色、質料、花樣、場合等多層次的規範,極為細緻。

朱元璋建立了全方位的監控體系,強迫臣民遵循禮制等各項專制制度,有專門監察官員的「巡按御史」,也有百姓互相監督的「里甲」制度;但朱元璋覺得還不夠,又設了「檢校」——可對官員和百姓的「不法行為」

檢舉揭發；尤其是特務機構錦衣衛，延伸到大明帝國的每個角落，無論是官員還是百姓，都為之膽寒。

朱元璋雖殫精竭慮、苦心經營，但大明帝國最終仍在民眾的反抗中土崩瓦解。人畢竟是有思想有尊嚴的，妄圖建立蜂巢蟻穴式王國的一切努力都是徒勞。

蜂巢蟻穴的烏托邦

宦官政治的病理學

宦官，又稱太監，終日服侍君主和嬪妃、皇子，離權力核心最近，這為他們干政專權提供了極大的便利，以致在中國歷史上形成了獨特的「宦官政治」。操縱君主，隔絕君臣，結黨自固，是宦官在干政擅權過程中慣用的三種手段。

宦官權力的獲得，並非由於功勞、門閥等因素，而是完全依賴君主的寵信。因此，宦官往往使盡手段，力圖將君主緊緊操縱在自己手中。

例如，宦官利用與君主朝夕相處的便利，想方設法博取君主的親近感，極力增加君主對自己的信任感和依賴程度。西漢宦官石顯因善於揣摩主子的心思而被漢元帝信任，委之以政，事無大小，皆由石顯決斷。再如，宦官總是極力插手君主的廢立，盡可能地擁立符合自己心願的君主。他們或有意擇立幼主，以便於自己操縱；或設法清除羽翼已成的在位君主，以掃除干政專權的障礙；或積極擁戴、投靠新主，希圖透過策立之功，確立自己的寵信地位。

唐代後期，君主多為宦官所擁立，自唐穆宗至唐昭宗共八帝，而為宦官所立者有七君。宦官楊復恭因迎立新君有功，以「定策國老」自詡，視天子為「門生」。

宦官操縱君主的方式包括：慫恿君主耽於享樂，不理朝政；欺騙矇蔽君主，使其成為傀儡玩偶；挾持架空君主，迫使君主就範。諸如此類，不一而足。

　　隔絕君臣之間的連繫，是宦官干政專權的重要手段之一。宦官一方面極力促使君主成為幽居深宮、脫離朝政的孤家寡人，一方面又透過壓制朝臣言論、阻截朝臣奏章等方式極力堵塞朝臣政見上達「天聽」。如此一來，宦官遂成為溝通君臣之間溝通的唯一通道，宦官就能夠瞞上壓下、左右其手、狐假虎威，趁機攬權。

　　在中國歷史上，宦官作為一個政治性的集團，是在東漢時期正式形成的。宦官政治集團的出現，是宦官勢力急遽膨脹的一種表現。為了謀取和維護共同的利益，宦官之間相互攀援，群輩相黨，力圖透過結黨來增強同君主、外戚、士人官僚相抗衡的實力，並累積干政擅權的資本。如東漢靈帝時期的「十常侍」集團、明朝魏忠賢「閹黨」等。在實際政治鬥爭的過程中，為了擴充實力，宦官除了自身結黨之外，有時還會或投靠后妃外戚，或籠絡太子儲君，或勾結官僚權臣。

　　在人們印象中，東漢、唐、明三代的宦官之禍最為嚴重；殊不知，在中國歷史上還有一個更為典型的「宦官王國」—— 五代十國時期的南漢。

　　南漢是割據南方的一個小型政權，人口只有一百萬左右，但宦官就有近兩萬人。就宦官在社會總人口所占的比例而言，南漢開啟了前朝後代所絕無僅有的特例，堪稱中國歷史之最。

　　南漢宦官數量如此驚人，是拜「奇葩國策」所賜。國主劉繼興非常信任宦官龔澄樞，國家大政由其把持。朝廷規定：凡群臣有才能的，或者讀書的士子中了進士、狀元，皆要先閹割了，然後才能進用。有些趨炎附勢的人，居然把自己閹了，以求重用。於是南漢幾乎成為「閹人之國」。

　　劉繼興重用宦官的理由是：百官們有家有室，要為妻兒老小打算，肯定不能對皇上盡忠；而宦官沒有後代，可以信任重用。南漢亡國之後，面

對宋太祖趙匡胤的責問，劉繼興辯解說：「臣年十六僭偽位，（龔）澄樞等皆先臣舊人，每事臣不得專，在國時臣是臣下，澄樞是國主。」這話反映了南漢末年君為臣下、宦官反為國主的政治現實。

劉繼興重用宦官的理由雖很荒謬，卻間接道出了宦官之禍的深層病因 —— 君王對國家權力有獨占性和壟斷性的專制制度。後宮制度是專制制度的延伸和重要組成部分。宦官因為「武功」被廢，不會影響君王獨享後宮和皇室血統純正，而被君王用於後宮。劉繼興卻將宦官的「優勢」發揚於前廷 —— 不閹割者不得當官。他當時可能沒料到，使南漢走上滅亡之路的，正是沒有「後顧之憂」的宦官。

宦官政治的病理學

裝神弄鬼的戲臺

　　古代統治者對國民灌輸意識形態和思想教化的途徑主要有兩條：一是讓國民讀他們認定、修改的儒家經典，二是上演御用文人編排、統治者認可的戲曲。前者主要針對讀書人，後者的閱聽人主要是普通百姓。

　　古代印刷術不發達，民間書籍極少，戲曲在社會底層的普及面和影響力往往超過書籍。因此，不少統治者看中了戲曲對民眾的教化功能，清朝乾隆皇帝就是其中之一，他在透過「文字獄」淨化「上層文化」的同時，又利用各種手段來淨化「底層文化」的主要載體──戲曲，結果使得戲臺上裝神弄鬼蔚然成風。

　　所有不符合主流意識形態的傳統劇目，乾隆都嚴令或予以禁演或改編。此外，他還積極扶持重點創作，大力鼓勵新劇本的出現。

　　乾隆親自組織了戲曲創作團隊，由莊親王掛名，由刑部尚書張照擔綱，諸多朝臣投入創作。這個團隊主撰了一系列「大戲」，比如周祥鈺主撰的《鼎峙春秋》、《忠義璇圖》、張照主撰的《昇平寶筏》等。劇本的內容多以歷史故事和魔幻傳說為主。

　　歷史故事極力宣揚天命意識和忠孝節義，神化清廷統治的合法性。如《鼎峙春秋》講三國故事，歸結到三國統一，天下太平，隱喻清廷統治是天命所歸；《忠義璇圖》雖是民間禁演的水滸戲，不過改編後強調的是接受招安，為國盡忠。

清代戲樓暢音閣

　　而講述西遊記故事的《昇平寶筏》以及其他魔幻傳說的劇目，大多強調因果報應：凡是忠臣義士遇害捐軀者，都成了神仙；而亂臣賊子犯上者，其結果必然是被誅殺。其落腳點還是宣揚要忠於大清朝廷，否則得不到好報應。

　　《勸善金科》是清宮於歲末或其他節令經常上演之戲，源出民間廣為流傳的《目連救母》，講的是佛陀弟子目連救母的事蹟，而假借為唐朝事。此改編本與民間演出本的旨趣截然不同，意在談忠說孝。戲中有大量的神佛鬼魅情節，用神道設教的方式懲戒人心。

　　而在皇帝生日上演的壽戲，乾脆直接說皇帝就是神。如《群仙祝壽》是這樣演的：八位仙人在「日月同光扇」的引導下，帶四名侍童捧仙桃、瓊漿、靈芝、如意來為皇帝恭祝萬壽。所有仙童載歌載舞，從在整座舞臺上搭建的「仙山瓊閣」的廊內外各個通道列隊而出，面向皇帝。眾仙長奉道教祖師太上老君升上「平安如意閣」，代道教徒眾向皇帝致「謁詞」，全

體演員下跪：「恭祝皇帝萬壽聖恭安！」全場表演達到高潮。皇帝簡直就成了「玉皇大帝」。

　　梁啟超在《新民說》中談到乾隆年間內廷演劇時表示，傳統戲目大多講歷史動亂之事，臣子和演員擔心觸犯忌諱而不敢進獻，「乃專演神怪幽靈、牛鬼蛇神之事，既借消遣，亦無愆尤」。梁啟超在這裡只看到，牛鬼蛇神之戲有趣，又無事實，是一種較為安全的演法；殊不知，即使是鬼神無稽之戲，也加入了統治階級的思想。

　　由於統治者的強力干預和滲透，弄得戲臺「神不像神，鬼不像鬼」。《封天神榜》一劇中，在商周繼統問題上，一方面盛讚周文王、武王有聖人之德，得忠臣良將輔助；另一方面，又對商紂之暴虐荒淫加以批判，從而為新朝之建樹設定合法性。如果說這些思想尚與傳統觀念一致的話，那麼劇中對於臣子，尤其是商朝諸臣的要求則發生了明顯的變化，劇中宣稱即使是君主暴虐、國運已終，身為臣子的仍需以盡忠死節為正道。

　　這種自相矛盾的說法，在其他劇目中也俯拾皆是。故事的發展，往往被裹挾在說教中與玄幻鬥法中，蹣跚跟蹌，舉步維艱。這樣的演劇，既無趣味，也無藝術，只有蒼白無力的說教。

裝神弄鬼的戲臺

眞相的雙向封鎖

　　「瞞下」和「欺上」是古代專制政體的顯性特徵：最高統治者對下層封鎖消息，封鎖眞相，臣民沒有知情權；官僚對上隱瞞實情，皇帝難以看到底層眞相。

　　君王標榜其統治的合法性來自上天，即所謂君權神授。他們掌握絕對權力，其統治多採用單向的命令、強制、壓迫的方式，臣民只能絕對服從。君王透過神祕和專制的治國方式樹立權威。再者，宮廷政治往往齷齪不堪，無法「亮晒」於天下，欺瞞成了皇帝的慣用手段。

　　皇帝的死因往往牽涉複雜的宮廷內幕，繼任者對此極其敏感，諱莫如深。史書記載，清雍正帝頭天還在處理政務，第二日晚上就突然病重去世；而雍正生什麼病，為什麼突然去世，史書中都沒有提及。後來史家研究認為，雍正勤於政務過度，晚年又好女色，導致精氣神衰弱。他寄希望於丹藥健身，長期服用，身體中毒，最終毒性突然發作而死。乾隆登基當天就下聖旨，把煉丹道士立刻驅逐出宮，並且明確警告他們，不能洩漏宮中任何事情，否則就要殺頭。先帝死得不光彩，事關皇家顏面，乾隆必須讓知情者閉嘴。眞相被封鎖，結果謠言四起，民間演繹出不少故事，流傳最廣的莫過於雍正被女俠呂四娘殺死。

　　「瞞下」的主導者一般是皇帝，不過皇帝的近臣也可能利用此為自己謀取利益，「祕不發喪」便是一例。秦始皇死於出巡途中，消息被嚴密封鎖。趙高透過暗箱操作，讓信任自己的胡亥繼位，而秦始皇屬意的接班人

扶蘇，因遠在邊關，對這一消息一無所知，最終被偽造的聖旨逼死。

官僚隱瞞實情，上報虛假消息坑皇上的例子，也比比皆是。基層資訊向上傳遞的過程中，有太多的機會和力量使其扭曲和失真。

戰國時期，齊威王即位後沒有親自理政，而是將之交給公卿大臣處理。因大臣治理不善，各個諸侯國都來攻齊。齊威王召見阿城大夫，對他說：自從你鎮守阿城，每天都傳來稱讚你的好話。我派人去阿城檢視，卻見田地荒蕪，百姓貧困飢餓。你用重金買通我的左右替你說好話！齊威王長期被勾結在一起的地方官吏和左右近臣聯手欺瞞，得到的都是顛倒黑白的資訊。

官僚們不僅對日常政務資訊動手腳，對戰報這種軍事資訊也敢行欺瞞之事。蒙古大軍進攻南宋，鄂州告急，權臣賈似道奉命赴援。他擅自遣使向忽必烈請和，許以割江為界，歲奉銀、絹各二十萬。蒙古軍撤退之後，賈似道隱瞞求和真相，以大捷稟告皇上，並從此專權朝政近十七年。

即便是全軍覆沒的大敗仗，竟也有可能被傳成「捷報」。唐朝屬國南詔和唐發生衝突，唐以鮮於仲通為將出兵八萬征討，卻被南詔打得全軍覆沒，只鮮於仲通自己逃生。鮮於仲通的背後靠山楊國忠，將全軍覆沒的敗仗申報為勝仗，還據此推薦鮮於仲通升官為京兆尹；同時，又命令大規模徵兵。這一次，十萬唐軍葬身異域，統兵主將身死；但楊國忠再次諱敗為勝。南詔之役，唐軍事實力受到極大打擊，而唐玄宗卻被矇在鼓裡。

楊國忠能夠成功欺上，緣於他的個人權位；但這種對資訊的隱瞞和扭曲，在很多時候是需要整個部門的官吏配合的。

乾隆皇帝曾狠心處理這麼一個窩案，殺掉官員三十人。此案中，地方官員——上至總督巡撫，下至普通官吏——聯手向上謊報受災，騙取中

央調發的賑災款項和政策傾斜，款項折換成白銀後收入官員個人的腰包。地方謊報災荒事件長達八年，這期間作案方式的發明人，原甘肅布政使王亶望已經轉任浙江。王廷贊繼任後，馬上融入這個犯罪集團，同樣一年又一年向朝廷謊報災荒。

在古代政治體制下，基本沒有獨立於官方系統之外的資訊流通管道，官僚們基本上壟斷了各類資訊。官員們最關心的是自身的仕途命運，而這又是由上司考察並向朝廷申報的；所以，挑上面愛聽的部分報送，成了最有效的政治手段。在這種官場生態下，隱瞞真相成為常態，如何恰切地欺騙朝廷成為官僚的必修「功夫」。

上下互不信任、互相欺騙，真相雙向封鎖，這也是一種「互動」吧。

真相的雙向封鎖

衰敗始於逆淘汰

　　中國古代史是治亂循環的歷史，也是「順淘汰」與「逆淘汰」交替的歷史。「順淘汰」即優勝劣汰，與之相反，「逆淘汰」就是劣勝優汰。「順淘汰」創造治世和盛世，「逆淘汰」必然導致衰敗與亂世。

　　若政治清明、正氣充盈，朝中多是有德有才之輩；若遇朝政昏暗，得意者多是溜鬚拍馬的貪婪之徒，不肯同流合汙者則被邊緣化。潔身自好者，或隱於朝，消極地等待新時機；或乾脆辭官，隱於野，遠遁山林。而以自殺來抗爭官場「逆淘汰」的，殊為罕見。

　　司馬直是東漢靈帝時有名的清官，在被授予鉅鹿太守職位時，按當朝慣例，他要向皇帝諮詢「助治宮室錢」的金額。所謂「助治宮室錢」，其實就是皇帝以「資助修理宮殿」為名目，向候任官員索要的買官錢。皇帝一般會根據官員職位的大小，規定一個數目。到任後，官員的職責就是盡快湊齊錢數上繳皇帝。

　　當時，一個大郡太守的職位，官方通行的價格是兩三千萬錢。這筆鉅款不可能由官員個人出，只能透過壓榨民間來獲得。這是一種朝廷和地方官員的分贓機制，朝廷預設地方官吏從民間取財，同時地方官吏必須讓朝廷分一杯羹，作為自己發財的代價。

　　但是，隨著皇帝賣官價碼的抬高，地方官員不得不拋棄廉政，把自己定位成一心賺錢的商人而不是父母官，對治下的百姓敲骨吸髓。

　　靈帝根據司馬直以前的履歷，認為他是個有清名的好官，幫他打了個

折，少交三百萬。司馬直聽說之後，認定即便打了折，數目還是太高了。他嘆了口氣說：我本來應該去做父母官，還沒有到任，先進行盤剝，又怎麼忍心？他請求辭職，但遭皇帝拒絕。司馬直於是上書給皇帝，極力申訴時弊，並預言如果繼續買官賣官，必然引起巨大的災禍；隨後，他吞藥自殺。

漢靈帝是東漢倒數第二任皇帝。即位不久，窮奢極欲的靈帝就開始瘋狂賣官。三公九卿都有價格，三公是一千萬，九卿是五百萬。行情還不斷看漲。到後來，為了強迫百官交錢，靈帝甚至要求不管是刺史還是太守，在任命或調動時，都必須向皇帝繳納「助治宮室錢」，司馬直就是在這時死諫皇帝的。靈帝賣官的方法靈活多樣，無所不用其極，甚至還支持「信用付款」，可以先當官，再付款，不過到時候要付兩倍的價格。

以前的皇帝即便賣官，也在賣官之外留有正常晉升的管道，給有才之人留下空間；而靈帝的賣官已不分青紅皂白，一個人不管才能如何，如果想當官，都必須付款。

崔烈是靈帝時期的名士，他當太守和廷尉時一直受人尊敬。後來，他花了五百萬從靈帝手中買了個司徒。在慶祝他升遷時，漢靈帝也在場，竟後悔賣便宜了，說應該賣一千萬。崔烈買官之事傳出後，聲名也隨之受損。但是，再清高的人士在靈帝時期也得「同流合汙」，否則只能被淘汰出局。

普天之下，莫非王土。天下財富，莫不屬王。像漢靈帝那樣為了斂財而瘋狂賣官的變態皇帝，畢竟只是極少數，更多的則是朝臣賣官。但像司馬直那樣有良知、體恤民間疾苦，而又以死抗爭的清官，只是鳳毛麟角。這個典型案例，將王朝體制下的「逆淘汰」這個病態機制展露得淋漓盡致。

王朝建立初期，統治者大都勵精圖治，政治清明，有德有才者居其位，奸佞小人靠邊站。這是「順淘汰」。隨著王位繼承人的一代不如一代，「逆淘汰」便日漸盛行。官場充斥著品劣才低的利祿之徒，一方面，他們熱衷買官賣官，敗壞吏治和官僚體系，使朝廷無力應對危機；另一方面，他們對百姓進行盤剝壓榨，使朝廷喪失民心民意。

　　如此「雙管齊下」，王朝的統治基礎被動搖，一旦遭遇內憂外患，必將萬劫不復。漢獻帝從靈帝手中接過權杖不久，東漢王朝便分崩離析，陷入了三國亂世。

衰敗始於逆淘汰

潛規則的「進化」

古代官場有兩套規則，一為明規則，一為潛規則。明規則是有正式明文規定，合法化乃至制度化的規則。與之相反，潛規則是沒有明文規定，但被一些人遵守的隱性規則。潛規則的蔓延和氾濫，勢必侵害明規則的權威，危害社會秩序和公平正義。由是觀之，明規則似乎與潛規則水火不相容。其實不然，潛規則也可能「進化」為明規則。

中國古代是官本位社會，因此人們對仕途趨之若鶩，買官賣官是普遍現象。但大多數時候這只是官場私下的交易，是上不了檯面的潛規則。但皇帝賣官，為其成為明規則邁出了關鍵的一步。

首開皇帝賣官先河的是秦始皇。有一年逢蝗災大疫，他下令，每交納一千石粟（價值約為現在的五十萬元新臺幣）可「拜爵一級」。

秦始皇以糧換官似乎還羞羞答答，漢武帝乾脆直接收錢賣官。連年征戰，窮奢極欲，導致國庫空虛，為了彌補用度，漢武帝允許買官。價格為最低一級十七萬銅錢（約相當於現在的七百五十萬元新臺幣），每升一級多加兩萬銅錢。

漢靈帝是將買官賣官市場化的「第一帝」，他在皇宮西園創辦了一個「官吏交易所」，明碼標價，公開賣官。他親自制定了賣官的規定：地方官比朝官價格高一倍，官吏的升遷也必須按價納錢。除明碼標價外，他還根據求官人的目標和擁有的財產隨時浮動價格；還推行了競標法，求官人可估價投標，出價最高的就可得標上任。

　　唐玄宗登基後，曾大力整頓賣官鬻爵的潛規則。表面上賣官現象減少了，但是私底下，背著皇上，官員賣官鬻爵現象越來越嚴重；當然，這些都只是個人的私下行為。唐朝中後期，戰亂頻繁，中央收入銳減，皇帝把買賣官職當成解決財政困難的途徑。潛規則又堂而皇之地變成了明規則。唐肅宗規定，凡「納錢百千」者可以得到明經出身，如果是不識字者，增加三十千錢就行 —— 把科舉功名賣給了目不識丁的文盲。

　　到了清朝，賣官鬻爵有了正式的名稱「捐納」，清朝中後期「捐官」進一步合法化、制度化，買官賣官可以名正言順了。朝廷明文規定，除八旗戶下人、漢人家奴、優伶等不得「捐官」外，其他人只要有錢，不管是偷、搶還是合夥湊的銀子，也不管是市井無賴還是地痞流氓，只要錢夠數，便可一手交錢一手交官職。

　　清朝有個「五人承包知縣」的典型案例，可以從中看出買官賣官現象的猖獗。浙江山陰縣人蔣淵如看到當官有利可圖，便想買個知縣，苦於資金短缺，就與唐某、陳某、王某、呂某等朋友商量，五人集資捐了個最先得缺的候選知縣。他們議定：五人分工，蔣任縣令，唐任刑名師爺，陳為錢糧師爺，王為錢漕家丁，呂為轉遞公事的家丁，以防肥水外流，所貪贓款按集資比例分配。數月之後，他們得了一個肥缺知縣。上任以後，按所定分工，蔣以縣令高坐大堂，待唐、陳以幕賓之禮，視王、呂則如奴僕，各無怨言，通力合作。五人團夥貪贓枉法，年收入達二十餘萬兩白銀。

　　從秦始皇首開皇帝賣官之惡例，到清朝賣官的合法化、制度化，從整體而言，中國古代史是賣官鬻爵從潛規則變成明規則歷史。這又分為兩個層面：一是從官員的私下行為上升到皇帝的意志，二是從朝廷的權宜之計變成國家的制度設計。

官員的選拔與任用，事關國家的興亡。可以說，買官賣官潛規則合法化並變成明規則的這一過程，正是王朝政治和專制制度合法性逐漸流失並走向衰亡的過程。

潛規則的「進化」

以編書的名義毀書

　　清朝乾隆皇帝力主編修的《四庫全書》，是中國古代規模最大的一部叢書，所收入的著作，有相當一部分現在已經成了孤本。如此看來，乾隆對儲存中國的文化似乎功莫大焉。殊不知，乾隆編修《四庫全書》的初衷並不是為了儲存書籍，而是為了禁錮思想，為其穩固統治服務。出於這個目的，編書的過程，其實就是「毀書」的過程。

　　作為少數民族建立的王朝，清朝在統治的合法性上不自信，因此他們嚴禁任何宣傳民族大義和民族氣節的思想流傳，以斬斷漢族人民反清起義的思想來源。自順治直至乾隆時期，統治者不斷掀起文字獄，並禁毀了許多書，但所能禁毀的畢竟有限。文字獄雖能夠威脅當時的士大夫，使他們不敢再發表離經叛道、譏議時政的言論，卻不能將著作中的一切不符合統治集團要求的東西剔除乾淨。統治者不達到後一個目的是不會放心的，但如公開地對所有著作進行審查，選擇一批加以禁毀或刪改，又顯得過於凶狠，這是聰明的清代統治者所不屑為之的。於是，乾隆想出了一個好主意：編纂《四庫全書》。

　　乾隆以編書的名義，在全國徵集圖書，乘機將他認為內容不好的書燒毀，或將其中的一部分毀掉、修改。由此而造成的對文化的破壞，恐怕是遠遠大於其貢獻的。

　　禁毀的標準主要有四方面：第一，凡是對清朝統治者有所不滿，包括客觀地記述其暴行的，或對滿族有所鄙夷、敵視的，都必須銷毀；第二，

能引起人們對於明朝的好感或懷念的，都不能保留；第三，凡是跟程、朱理學相牴觸和不符合傳統道德觀念的，也應毀掉；第四，作者有問題的，或者此書中多處引用有問題的人的著作的，也在銷毀之列。

四庫全書書影

禁毀不僅在《四庫全書》的編纂過程中一直進行，而且在編纂結束後的抄寫過程中繼續進行。因為《四庫全書》共抄了七套，最後的三套於乾隆四十七年（西元一七八二年）開始抄寫，五十二年（西元一七八七年）完成。在把這三套抄本進呈乾隆時，他又進行了抽查，發現清初人李清的一本書問題嚴重，於是下旨嚴查。結果是，將原已收入《四庫全書》的李清的所有著作，全部撤出，列為禁書，並發文給江蘇巡撫，要求進一步調查李清有無其他著作，如有則一併銷毀；把已經抄好的四套《四庫全書》又重新審查一遍，結果又有其他作者的幾部著作從《四庫全書》中撤出並加以銷毀。

據不完全統計，從乾隆三十七年（西元一七七二年）下詔徵書，到乾隆五十三年（西元一七八八年）《四庫全書》複查完畢，被全毀的書，即整

部書不再流通並被燒掉，就有兩千四百五十三種，被抽毀（個別地方有不太嚴重的問題，只把有問題的地方去掉）的書有四百〇二種；而收入《四庫全書》的書為三千四百七十種。如此算來，被銷毀的書籍，其數量竟大約相當於《四庫全書》的四分之三，被抽毀的也相當於《四庫全書》的八分之一弱，這是一個驚人的數字。

自秦始皇焚書以後，中國的文化從未遭受過如此浩劫 —— 大量優秀的學術著作、充沛民族氣節精神的史學文學作品均遭禁毀。而且收入《四庫全書》的書，有不少已遭嚴重刪改。

編纂《四庫全書》，一開始就不是單純的對歷代文化典籍的整理和總結，而是一場全國範圍的思想文化普查。使用暴力或強制性的行政手段來查禁書籍，是古代統治者的慣用手段。就文化政策而言，清朝統治者比只會「焚書坑儒」的秦始皇之流要厲害得多，高明得多。

禁書與編書兩種手段糅合起來，是一種寓禁於修的特有的文化現象，說明清廷統治者手段的圓熟和精巧。這使不少人只記住了《四庫全書》對儲存古籍的貢獻，卻健忘了乾隆曾經大肆閹割中國文化的罪行。

以編書的名義毀書

酷吏是另一種太監

　　在人們印象中，酷吏和太監是兩個完全不同的群體。酷吏充當朝廷鷹犬，打擊政敵，殘害忠良，心狠手辣，極盡構陷之能事，一副強者形象；太監被閹割去勢，大多委曲求全，看後宮妃嬪眼色行事，典型弱者模樣。但近來翻閱史書，發現酷吏和太監竟有諸多相似之處。

　　太監入宮，大多為生活所迫。酷吏也大都出身寒微。司馬遷著《史記‧酷吏列傳》集中記述了漢武帝時期十名酷吏的故事，他們分別為寧成、周陽由、趙禹、張湯、義縱、王溫舒、尹齊、楊僕、減宣和杜周。除了周陽由為世家子弟外，其他九名均起自卑微，義縱與王溫舒還曾經當過盜賊。

　　武則天執政時期是「酷吏政治」的又一個高峰。臭名昭彰的酷吏周興和來俊臣，就是這個時期的。周興從小學習法律，長大後混上了個司法小吏。唐朝官和吏界限森嚴，吏的地位很低，就是衙門裡跑腿打雜的。來俊臣原是不事生產的遊民，後來成為流氓，終於有一天因犯姦盜罪被捕入獄。周興和來俊臣都因告密而得到武則天的信任，成為武則天在政爭中的鷹犬。

　　酷吏和太監都出身低微，這不是巧合 —— 他們無私門可憑倚，因而易於為帝王驅使。不管是飛揚跋扈於外廷的酷吏，還是委曲求全於內宮的太監，都只是帝王的工具。

　　宮內的繁重體力活，到宮外採購、傳旨等活，都不便讓女人來做；但

讓其他男人待在後宮，帝王又不放心。後宮佳麗三千，寡人只有一個，誰能保證宮內不陳倉暗度？帝王們擔心的，不僅僅是一頂綠帽子；更重要的是，要確保皇室血脈純正，龍子龍孫世襲王權，江山永不易姓。既便於驅使，又讓帝王放心的，當然是那些被廢掉「武功」的太監了。

在皇帝眼中，酷吏與太監的作用無異。太監也好，酷吏也罷，都只是其維護統治的工具。一旦沒有了利用價值，或者威脅到皇權，必將除之而後快。

酷吏張湯可謂深得漢武帝信任。他為朝廷制定了很多嚴刑峻法，在處理淮南、衡山、江都三王謀反的案件時，他窮追狠治，株連無數。他助武帝推行鹽鐵專賣，打擊富商，剪除豪強。張湯的這種做法使權貴們感到了威脅，為求自保，他們聯合起來給張湯羅列了一系列的假罪名，並一致彈劾張湯。皇帝當然知道這些罪名是假的，但為了平息眾怒，武帝拋棄了這個曾經為自己的統治清除障礙的戰友，將張湯賜死。

武則天為了鞏固權位，實行鐵血政策，重用周興、來俊臣等酷吏，打擊潛在的政敵。她解決了反對派，坐穩了女皇的寶座不久，就首先拿酷吏周興開刀了。周興後被判流放嶺南。但因周興作惡多端，結怨太多，半途為仇家所殺。

替武則天收拾周興的，是同為酷吏的來俊臣；周興之死並沒有使來俊臣有兔死狐悲之感，他覺得自己忠於皇帝，因而可以立於不敗之地。來俊臣在自己的著作《羅織經》裡首先就講忠君，「雖至親亦忍絕，縱為惡亦不讓」。這就是說，可以置倫常於不顧，也可以置良心於不顧 —— 只要有利於皇帝，沒有他不可以做的。不問對錯善惡，只看皇帝高不高興，這與閹人太監何異？太監是生理上被「去勢」，酷吏則是心理上被閹割。即便如

此，來俊臣的下場並不比周興好。

　　來俊臣組織數百名無賴專事告密，大興刑獄，製造各種殘酷刑具，採取逼供等手段，任意捏造罪狀置人死地，大臣、宗室被其枉殺滅族者達數千家。他甚至企圖陷害武氏諸王、太平公主等武則天最親信的人物。在他又企圖誣告皇嗣李旦和盧陵王李顯謀反時，被人告發，武氏諸王與太平公主等乘機揭露來俊臣種種罪惡，來俊臣終被武則天下令處死。

　　來俊臣生前曾將自己的經驗總結下來，撰寫了專著《羅織經》，大談如何羅織罪名，製造冤獄，可謂集邪惡智慧之「大成」。一代人傑狄仁傑蒙冤後閱《羅織經》，冷汗迸出，卻不敢喊冤；連武則天面對《羅織經》也嘆道：「如此機心，朕未必過也。」

　　一代女皇都自嘆弗如，那麼，究竟是誰造就了酷吏的「如此機心」？《新唐書‧酷吏列傳》中說：「非吏敢酷，時誘之為酷。」酷吏這個歷史怪胎，把人性的幽暗暴露得淋漓盡致，而這都是拜專制權力所賜。酷吏是專制權力下的另一種「太監」。司馬遷在《史記》中將酷吏入史後，《漢書》、《後漢書》直至《金史》多將此單列，可見中國古代酷吏之盛而不衰。

酷吏是另一種太監

「好名」竟也成罪

　　蕭何協助劉邦奪取天下後，繼續清正廉潔為官，口碑極好。劉邦不放心，找藉口抓了蕭何。蕭何出獄後汲取教訓，不再顧及名聲，以圈地、貪瀆自汙。老百姓告狀，劉邦卻一笑了之，不予追究。此事反映的是開國功臣的真實處境，但也可從中窺見士大夫的道德尷尬——潔身自好而不得。

　　從漢武帝開始，儒學一直是社會主流意識形態。然而，儒學充滿矛盾，一方面維護專制「綱常」，另一方面也鼓勵道德完善和人格獨立；至清代，其矛盾愈加突顯，儒學的人格追求，成了專制極度擴張的妨礙。

　　雍正有一個重要觀點，那就是大臣圖利固然可惡，「好名」則更可誅。他說：「為臣不唯不可好利，亦不可好名。名之與利，雖清濁不同，總是私心。」雍正不能容忍那種自許清廉而又保持獨立人格的清官。他懲處的，不僅僅是年羹堯這樣的貪官，更有「海瑞」式的清官。他認為，一個大臣如果過於注重自身修養，在乎自身的名譽，這是與皇上爭民心，這威脅到了皇權。

　　楊名時是被天下學子膜拜的學界領袖，也是人人稱道的清官。擔任雲貴總督期間，他千方百計地革除雍正「攤丁入畝」等政策的內在弊端，減輕了百姓負擔。雲南一度遭受水患，百姓流離失所。楊名時從鹽商那裡借銀，救百姓於水火。雍正理政雷厲風行，楊名時則是春雨潤物。雍正剛勁的政令，到了楊名時的轄區就會被分解、柔化，楊名時因此得到百姓的讚

譽，被稱為「包公在世」。

　　為百姓做好事，卻忘了推功給皇上，這引起雍正的不滿。雍正說楊名時「性喜沽名釣譽」、「欲以君父成己之名」，想尋機懲治他一下。楊名時在雲南從政七年，僅參劾過一位進士出身的知縣，這正好成為雍正的靶子。雍正表示：「那些封疆大吏為了圖寬大仁慈之名，沽取安靜之譽，對貪官庇護之，對強紳寬假之，對地棍土豪則姑容之，對巨盜積賊則疏縱之，這樣會使天下百姓暗中受其荼毒，無可控訴。」雍正把楊名時看成是孔子口中的「鄉愿」，即「德之賊也」。

　　為了懲治楊名時，並把以其為代表的名儒集團妖魔化，雍正將他投入大牢。「四大罪狀」雖純屬子虛烏有，然而終雍正一朝，楊名時一直戴罪雲南，成了一介布衣。

　　雍正的繼承者乾隆，也有一個「本朝無名臣」的理論。他說，因為朝廷綱紀整肅，本朝沒有名臣，也沒有奸臣。他這樣說，是為了把所有榮譽歸於聖主，大臣們所做的有利於百姓的事情都是出於聖意。大理寺卿尹嘉銓不認同這個觀點，著有《名臣言行錄》，乾隆特下長詔斥責他的「名臣論」，並以欺世盜名、妄列名臣、顛倒是非等罪名將其處死。

　　此外，乾隆還大力禁毀德政碑。所謂德政碑，是官員離任時，民眾為頌揚其政績而興建的紀念碑。從康熙、雍正到乾隆，都認為立碑是官員「沽名釣譽」之舉。康熙曾言，如果官員進退，都以百姓之口碑為依據，則國家就會喪失「上下貴賤之體」。雍正告誡官員，儘管地方官要愛民如子，但也不能有意討好民眾，「大凡在任時貼德政之歌謠，離任時具保留之呈牒，皆非真正好官也」。大清律法明文禁止現任官員私自立碑紀功，但屢禁不止。乾隆痛下決心，下令在全國範圍內銷毀德政碑。從

乾隆四十九年（西元一七八四年）年底至次年年底，各地共銷毀石碑一萬四千五百四十一座、匾額九百四十九塊。

清朝皇帝非常強調專權，事無大小，均由皇上說了算，何況「立碑」乃國家之名器。乾隆禁毀德政碑，表面上是向官場陋習開刀，實質是維護乾綱獨斷。一切陟罰臧否、行恩施惠必須出自皇恩。

在皇帝看來，興建德政碑，無論是官員沽名釣譽，還是百姓公論，都不符合統治需求。作為臣子，最重要的是服膺聖訓，而不是百姓口碑。與民爭利，與士大夫爭名，這是皇權專制的本質特徵。

「好名」竟也成罪

權力之繭

美國學者凱斯‧桑思汀（Cass Sunstein）在《資訊超載的幸福與詛咒》（*Too Much Information: Understanding What You Don't Want to Know*）一書中描述了這樣的情景：在網路時代，大眾只注意自己喜歡和選擇的資訊。久而久之，會將自身置於像蠶繭一般的「繭房」中，使自己陷入偏狹的危險。其實，權力的執行也有陷入「繭房」之險。

唐朝開創者利用關隴集團打天下，反被其「套牢」；後繼者利用地方節度使制衡關隴勢力，卻開啟了藩鎮割據的「潘朵拉魔盒」。

關隴集團始初是個軍事組織，後與世族大家聯姻，勢力盤根錯節。李淵家族為了造反成功，極力籠絡關隴集團，獲得了其鼎力支持。幫李家打下天下後，關隴集團的勢力尾大不掉，李唐王朝在一段時期受其牽制。

唐初的統治者意識到了這個問題，決計削弱關隴集團的勢力，科舉考試選官便是出於這種考慮，但效果並不理想。科舉制使一些寒族進入官場，但人數很少；大量的空位，還是需要用之前的九品中正制來補充。這種門閥制度有利於門第高的關隴貴族，世家子弟進入官場的自然還是占了多數。

此外，關隴集團對科舉之途也不放過，他們鼓勵家族人員讀書，以考取功名做官。這些大家族有的是錢支持教育，因此不少科舉選拔上來的人才，也是他們的後代。

唐太宗能夠開明納諫，除他本人確實寬宏大度外，他想要集中力量

對關隴權貴進行制衡也是一個重要原因。魏晉以來，每朝都會編《氏族錄》，唐太宗重新修訂《氏族錄》，為各大家族重新排序，不過大家族對此並不認同，所以也沒有發揮多大的作用。

鐵血女皇武則天重修《氏族錄》，並更名《姓氏錄》，把武姓作為第一貴族，更是沒人理她，所以無法流傳。

唐玄宗上位後，為了抗衡關隴貴族，重用在中原沒有根基的地方節度使。起初節度使的權力並不大，只負責邊境地區的安防事務，對朝廷事務沒有什麼干預和影響。唐玄宗為了加重對抗舊權貴的籌碼，把收鹽稅的權力直接交給了節度使。此外，節度使還獲得了邊境地區的行政權。於是，節度使集地方軍權、財權和行政權於一身，逐漸坐大，成了地區霸主。安祿山正是憑藉皇上的寵信，在擔任平盧、范陽兩鎮節度使的同時，還兼任河北採訪使，掌管檢查刑獄和監察官吏，整個河北都在其掌控之中。

唐玄宗重用地方節度使，本來是為了擺脫關隴集團的束縛，重建自己的權力基礎。誰料新的權力基礎，反倒成了新的「權力繭房」。野心膨脹的安祿山舉兵造反，把唐朝攪得天翻地覆。唐玄宗為了平定叛亂，給了各地藩鎮過大的權力，結果叛亂平定之後，這些權力就收不回來了，又導致了藩鎮之禍。

這樣的例子，不勝列舉。周武王為保天下而分封諸侯，諸侯們卻瓜分了周朝天下；秦二世胡亥依靠趙高謀劃上位，但逼其自殺的也是趙高；漢獻帝依靠曹操收拾亂局，最終卻被迫讓位於其子曹丕；後周世宗柴榮依靠趙匡胤平定北漢、南唐，黃袍最終加在趙匡胤身上；金太祖依靠女真軍事貴族打天下，其弟金太宗登基後被權貴們杖責，而該朝第四帝海陵王在權貴兵變中被殺；朱元璋殺功臣，加強同姓藩王特權以拱衛朝廷，其繼承人

建文帝卻被燕王朱棣推翻。

　　中國古代權力的執行，基本上在「破舊繭」與「結新繭」的輪迴中，這是傳統專制政治解不開的死結。

權力之繭

龍旗的底色

　　黃龍旗是清朝國旗，清末才啟用。黃龍旗飄起來不久，清王朝就壽終正寢，旗幟墜地。這是龍旗首次用作國旗。歷史上，那些胸懷政治雄心或野心、意欲問鼎天下之輩，大多是打出某種旗號，在一定意義上，這些旗號就是他們為圖王霸之業而招攬人心的「龍旗」。

　　逐鹿中原的劉邦，先為漢王，後為漢帝，開創漢王朝。漢朝承襲秦朝舊制和大一統格局，國祚綿延四百多年。於是，「漢」文化浸入國人骨髓，影響至深至巨，「漢族」之名由此而來。因無法替代的影響力，「漢」成為中國歷史上使用得最多的旗號。而將漢旗號的作用發揮到極致的，是三國時期的劉備。

　　東漢末期群雄並出，曹操挾天子以令諸侯，袁紹家族四世三公，孫權有父兄創下的江東基業，他們的政治資源都非常雄厚。而劉備以販履織蓆為業，可依憑的資源極為有限。但劉備不愧是梟雄曹操眼中的「英雄」，他自稱是中山靖王劉勝的後裔，並以此大做文章。劉勝是西漢景帝的兒子，而此時已是東漢末期，一個是西漢一個是東漢，劉備與漢獻帝可能扯不上什麼關係，但他硬是「算」出了自己的「皇叔」身分，舉起了匡扶漢室的大旗。

　　劉備有了興漢這面旗幟，加上諸葛亮等時傑、能人的輔佐，一路高歌猛進，占荊州，取益州，入巴蜀。有了自己的根據地，劉備終於按捺不住了，當起了漢中王。《後漢書・獻帝本紀》這樣記述，「劉備自稱漢中王」，意指劉備稱王並不是漢帝的封授。此時，劉備所打旗號的底色開始顯現出

來 —— 興王霸之業 —— 匡扶漢室只是他的幌子罷了。

劉備稱王之後，有一個傳聞在巴蜀傳開，說是漢獻帝已被曹丕害死。實際上，曹丕受禪代漢後，廢漢獻帝為山陽公，邑萬戶。漢獻帝雖已退位，但在自己的封邑內，仍行漢正朔，以天子之禮郊祭，對曹丕上書不稱臣，一如舜禹故事。為顯示傳說中的聖王禪讓之事復現於當代，曹丕非但不會害死漢獻帝，還唯恐天下人不知道自己優待遜位的漢獻帝；因為活著的獻帝已然掀不起什麼大風浪，但卻可以繼續用他來牽制劉備等人。劉備是打著興復漢室的旗幟起兵的，只要漢獻帝不死，就意味著漢室未滅，他就不能稱帝。事實上，漢獻帝比曹丕和劉備死得都晚。

劉備聲稱要復興漢室，可是，按照曹丕編排的禪讓劇本，漢獻帝已親口宣布天命轉移到曹氏，並親手將漢家的天下禪讓給了曹家，這樣，劉備復興漢室的事業便失去了依據。而傳聞說，曹丕害死了漢獻帝，就像西漢末王莽毒死漢平帝一樣，這就屬於篡漢了，那麼天命仍然在漢，這樣劉備復興漢室的事業便有了正當性和依據。由此看來，應該是劉備方面有意編造了這個傳聞。

接下來，劉備像模像樣地為獻帝發喪 —— 正如某人一旦被宣布死亡，其親屬就可以繼承其遺產一樣，劉備現在可以毫無顧慮地復興一個由他本人代表的漢室。隨即，劉備登基稱帝，國號為漢，史稱蜀漢，他意欲繼續打著漢的旗號統一中原。

中國歷史上曾有多個政權以「漢」命名，除西漢、東漢和蜀漢外，另外還有五個，史學家為了便於區分，為他們取了不同的名字：成漢、漢趙、後漢、北漢和南漢。元末陳友諒的臨時政權也取名為「漢」，只因存在時間短而不被史學家承認。從歷史上看，不管是打著「漢」還是其他什麼旗號，都掩蓋不了個人或集團追逐權力的底色。

青詞豈作青雲梯

「青詞」是古代道教舉行齋醮時獻給上天的奏章祝文。說白了，就是道士們在做法事道場時寫給神明的書信。一般為駢儷體，用紅色顏料寫在青藤紙上，故稱「青詞」，要求形式工整、文字華麗。

明朝嘉靖皇帝在政治上無甚建樹，他將主要精力用在玄修上，熱衷於煉丹製藥和祈求長生，他經常需要用青詞來焚化祭天。

上有所好，下必投之。朝廷上下為博得聖上青睞，爭相撰寫供奉青詞，把它當作在官場青雲直上的階梯。《明史·宰輔年表》統計顯示，嘉靖十七年（西元一五三八年）後，內閣十四個輔臣中有九人是透過撰寫青詞起家的，著名的有夏言、嚴嵩、徐階等。

夏言極富文采，對嘉靖作的每一首詩都依韻唱和。他在充任醮壇監禮史時，凡所需應制之作，無不揮筆立就，最合聖意。夏言最終順利進入內閣，榮升首輔。隨著公務的增多，他不可能耗費太多心思在撰寫青詞上了，這時嚴嵩就一步一步取代了他。後來夏言因事被罷斥，撰寫青詞的職責便完全落在嚴嵩肩上。自此，嚴嵩權傾朝野二十年。

嚴嵩暮年之時，內閣中又增添了新的成員 —— 徐階。他也以撰青詞而深得嘉靖青睞，以至於每日召對，後加封為太子太保，進入內閣。這時的徐階正當壯齡，才思敏捷，而嚴嵩日漸衰老，文思遲緩，再也寫不出漂亮的青詞，終被徐階取代。

夏言、嚴嵩、徐階三人除青詞寫得好外，還有較強的行政能力。嘉靖

晚期，由青詞決定仕途的情勢愈演愈烈，一些詞臣別無他能，專以青詞邀寵，步步高昇，官居大學士，相當於宰相，時人譏之為「青詞宰相」。後人以「青詞宰相」一詞諷刺那些升官階梯並非正路的人。袁煒便是當時四個「青詞宰相」之一。

袁煒透過科舉考試進入官場，任皇帝侍讀後，靠給嘉靖撰寫青詞得寵，眷遇日隆。嘉靖常於夜半傳出片紙，命閣臣們撰寫青詞。每當此時，袁煒舉筆立就，而且最為工巧，最合嘉靖心意。遇有朝野上下進獻珍奇之物，也是袁煒的讚詞寫得最好 —— 他在青詞中拍馬屁的功夫超一流。

有一次，嘉靖寵愛的獅貓死了，他十分痛惜，竟然為貓制金棺並葬之於萬壽山之麓，還命儒臣獻青詞超度。在大家都窘然無措時，唯有袁煒揮筆成章，文中有「化獅作龍」等語，最合聖意。皇帝的寵物都仙化成龍了，其主人豈不是更不得了？嘉靖頓時龍顏大悅，於是，袁煒又得到了提升。

袁煒還撰有一副長聯：洛水玄龜初獻瑞，陰數九，陽數九，九九八十一數，數通乎道，道合元始天尊，一誠有感；岐山丹鳳兩呈祥，雄鳴六，雌鳴六，六六三十六聲，聲聞於天，天生嘉靖皇帝，萬壽無疆。

聯中一句「天生嘉靖皇帝」，袁煒拍馬屁的功力盡顯無遺，罕有匹敵。他最終位居宰相之列。

嘉靖作為一國之君，崇道玄修，後果嚴重。對其個人來說，他一生妄求長生，最終因誤食丹藥身亡；對整個國家而言，他濫用道教祥瑞於政治，粉飾太平，不以德能政績而以青詞任用官員，怠政養奸。海瑞在其「天下第一疏」中指出，「陛下之誤多矣，其大端在於齋醮」，言下之意，嘉靖最大的錯誤是熱衷「青詞政治」，不問蒼生問鬼神。

恩蔭也是權力世襲

「打天下，坐天下」的思想在中國古代根深蒂固。一旦某集團成功奪取天下，老大登基稱帝，其他一起賣命的人則封侯拜相，共享榮華。這還不夠，為了讓「成果」惠及後代，綿延不絕，打天下者建立了世襲制。

但嚴格來講，只有在先秦時代才有名正言順的全面的世襲，上至天子、封君，下至公卿、大夫、士，他們的爵位、封邑和官職都是父子相承的。僅從職位而言，自秦至清，真正一直世襲的基本上只有帝位。臣子們的子孫承襲的主要是爵位、封邑，要想取得官位，得靠皇帝主子的「恩蔭」—— 因祖輩父輩的地位，子孫後輩在入仕方面享受特殊待遇。這是公權力世襲制的一種變相。

幫嬴政掃平六國的功臣們，沒來得及讓後代享受成果，秦朝便匆匆而亡。隨後的西漢，實行「任子制」，規定二千石以上官員，任滿三年，可送子弟一人到京師任郎官，給皇帝當侍從。東漢沿襲這一制度，實施更為寬鬆，到東漢末，公卿子弟往往幼年已任郎官，時人譏為「童子郎」。唐朝規定，凡官員皆可蔭子，五品以上官員除蔭子外還可以蔭孫，三品以上官員可蔭曾孫。恩蔭最初獲得的不是實際職位，而是相應品級的「官階」，有相應的級別和待遇，但沒有具體職掌，要在吏部排隊，待有實職空缺再委任。

明朝恩蔭較嚴格，最初規定文官七品以上，可以蔭子一人。永樂皇帝之後，制度越發嚴格，三品以上，考滿著績，方得請蔭。清朝恩蔭分三

類：一種是針對高級官員子弟的恩蔭，大體可直接獲得監生身分，學習考試合格之後授予實際職務；另一種是「難廕」，凡陣亡官員，不論滿漢，都授予世職；最後一種是「特蔭」，主要是針對功臣子孫無官職或官職較低，無法享受恩蔭的，皇帝透過額外的加恩，使其能夠享受恩蔭待遇。

隋朝首開科舉選官，後繼者雖延續這個制度，但「恩蔭」仍是科舉之外的另一種主要任官途徑。朝廷一方面透過科舉選拔到管理人才，同時也為底層提供了上升的希望，並以此為社會減壓；另一方面，透過「恩蔭」制度來確保除皇室之外的權貴集團的利益。

在中國古代，把「恩蔭」制度發揮到極致的是宋朝。據統計，北宋一代平均每年以各種恩蔭補官者，超過五百人，這一數字遠遠超過了平均每年由科舉入仕人數。在科舉考試非常發達的宋朝，這一結果是如何造成的？

宋朝規定：三公、宰相之子，可以恩蔭充任中央各寺丞；使相、參知政事、樞密使、宣徽使之子，恩蔭可以擔任太祝或奉禮郎。皇帝每三年祭天一次，按慣例施恩天下，往往一次恩蔭數千人，掌握中樞大權的宰執大臣，甚至可以恩蔭門客、醫師。

宋代是一人入仕，子孫、親族俱可得官。宋朝恩蔭的機會除皇帝祭天那次外，另外主要還有三次：每年逢皇帝誕辰一次，官員告老退休時一次，官員死時上遺表一次。功臣死後，推恩可達二十餘人。

恩蔭制度保證了權貴子弟入仕途徑的暢通，使一批不學無術的紈褲子弟混入了官僚隊伍，官吏的整體素質由此下降。對官僚子弟來說，憑父輩的政治特權得以入仕，要比科舉入仕既省力又快捷，那些權貴子弟不願再習文修武，只坐等官祿。

北宋濫行恩蔭，加大了冗官之弊，也培植了一個寄生官僚階層，他們只圖享樂，政治生活日益腐敗。最終，山河破碎，徽、欽二帝被擄當俘，受盡屈辱而死。如此「坐天下」，豈能久乎？

恩蔭也是權力世襲

勝利者的僞飾

　　讀史書須提高警惕。過去的歷史記載、歷史書籍不全是歷史真實。成王敗寇。古代政治鬥爭中的獲勝者，往往會對不利於自己的歷史記載進行大肆竄改、毀滅，以便掩蓋劣跡，朝自己臉上貼金。

　　唐以前，史書大多為私家編撰，統治者竄改或毀掉的多是私家史書。南北朝時期的梁武帝蕭衍曾是南齊權臣，他逼迫和帝蕭寶融禪位，自己坐上了龍椅，改國號為梁。文官吳均私撰《齊春秋》，把蕭衍稱帝的不光彩歷史如實寫出。蕭衍下令罷去吳均官職，並將《齊春秋》付之一炬。

　　從唐開始，多由朝廷出面組織修史，從而使竄改歷史不僅成為了可能，還成為了必然。史學的官方化，使國史撰著成為官府的一項政治文化活動，竄改歷史也成了集體行為。

　　唐太宗李世民稱得上是「明君」，但是他也「修改」過史書。李世民晚年，曾幾次提出要看「起居注」。貞觀十三年（西元六三九年），褚遂良為諫議大夫，兼記「起居注」。李世民提出想看褚遂良所記的內容。古代有一個規定，帝王是不能看史官所記的關於他自己的實錄的。這是為了保證史官能真正秉筆直書國君功過善惡的一個制度。開始，褚遂良還能拒絕李世民，後來終於拗不過，將「起居注」刪為「實錄」給他看。

　　後人在史書上看到了玄武門之變，記載著唐太宗殺兄逼父的史實，自然便想不到唐太宗會去竄改歷史。其實，歷史是隔不斷的，李世民不記載玄武門之變，後人的演義和誇張就不可想像 —— 血腥奪權的方式畢竟不

道地，李世民也害怕別人說三道四。但李世民又不可能完全扭曲玄武門之變的基本史實，只能是將這一事變解釋得圓滿一些，以「正」視聽。所以，史書既「如實」寫下了玄武門之變，但也花了大量的篇幅來粉飾李世民殺兄逼父的原因。比如史書說：李淵如何無能，他如何多次想立李世民為太子；太子李建成和齊王李元吉如何惡劣，如何嫉妒李世民，等等。這些說法，如今史學界均認為是不實的。

到了封建專制最嚴酷的明清時期，對記載皇帝的「實錄」及史書的竄改達到了空前的程度。帝王總是千方百計地把自己的見不得人的言行從史書中抹掉，一是防止它們傳到國人和後人的眼中，引起騷動；二是只讓後人永記自己的「文治武功」。

朱棣是帶兵打進京師才做成皇帝的，龍椅一坐穩，為擺脫篡奪之嫌疑，堵天下人之口，他首先做的是否定前朝的合法性。朱棣不承認建文帝的年號，把建文四年（西元一四〇二年）改稱洪武（朱元璋年號）三十五年，表示他這個帝位不是從建文帝那裡得來的，而是直接繼承自太祖高皇帝朱元璋。其次是改出身。皇位繼承，講究嫡長之分，為了讓自己的得位顯得合法，他將建文帝時代所修的《太祖實錄》修改了兩次，稱自己是朱元璋的原配馬皇后所生，與懿文太子朱標及秦、晉二王同母，因他的這幾個兄長已經亡故，諸王中自己居長，所以從倫序上說，入繼大統是理所當然。事實上，朱棣乃朱元璋妃子所生。

朱棣要讓人們的大腦徹底洗去建文朝的一切記憶，於是建文帝時期的政府檔案被大量銷毀，宮廷檔案和皇帝起居錄等被塗寫和修改，一切記載這一政變的私家記述和文獻都被禁。因為竄改得太厲害，導致漏洞百出，於是有「有明一代，國史失誣，家史失諛，野史失臆。故二百八十年，總成一誣妄世界」之說。

清朝的開創者奴爾哈赤本是明朝的地方官，趁中原內亂乘虛而入。他們確立全國統治後，不遺餘力地搜書、焚書，刪除、竄改史書，竭盡全力消滅自己殺人起家的罪證。尤其在編纂「明史」上花費了不少心思，把有關其祖先建州女真的史料或刻意隱瞞、扭曲，或刪除、竄改，只為證明其祖先在歷史上一直是自主的，從未臣屬過明廷，建州女真也從來沒受到明朝政府的管轄。

　　歷史的脂粉抹得再厚實，終究會有開裂剝落的一天。古代統治者雖極盡竄改之能事，但大多會留下蛛絲馬跡；關鍵在於，我們是否有探究真相的精神和發現真相的慧眼。

勝利者的偽飾

政治避諱是專制文化的怪胎

　　避諱是中國歷史上特有的文化現象，意思是對君主和尊長的名字，必須避免直接說出或寫出。避諱最早只是一種民俗，主要是為長者和聖賢諱，後來慢慢演變成制度，成為政治文化的重要組成部分。「政治避諱」包括「國諱」和「官諱」。

　　「國諱」，是對當代帝王及本朝歷代皇帝之名進行避諱。如在東漢劉秀時期，秀才被改成茂才；清乾隆曾下詔門聯中不許有五福臨門四字，為的是避諱順治帝福臨之名。此類例子歷史上比比皆是。有時甚至還要避諱皇后之名，如西漢呂后名雉，臣子們遇到雉要改稱野雞。

　　「官諱」，即下屬要諱長官本人及其父祖的名諱。一些驕橫的官員甚至嚴令手下及百姓要避其名諱。

　　北宋權相蔡京在位之時，其黨羽薛昂，因為蔡京的關係，得以執掌朝政，視蔡京為再生父母。於是，他全家都為蔡京避諱，有人失誤口出「京」字，就被用鞭子抽打。他曾經失口說了蔡京之名，就自打嘴巴。當時在公家食堂，一般是廚工念菜譜，然後官員點菜索取。獨有「菜羹」以其音頗似「蔡京」，故迴避而叫「羹菜」。

　　南宋詩人陸游編著的《老學庵筆記》記有一則故事：州官田登不准下屬及州中百姓叫其名，也不准寫其名，到了正月十五照例要放燈三天。寫布告的小吏不敢寫燈字，改為「本州依例放火三日」。由此便有了「只許州官放火，不准百姓點燈」的笑話。

中國歷史是專制制度和專制文化不斷強化的歷史，至明清達到頂峰。「政治避諱」始於周朝，成於唐宋，延及清末，避諱的範圍和內容愈加繁密。「政治避諱」是專制文化孕育的一個怪胎，也是我們窺探中國專制文化的一個極好的視窗。

最初，只避君主、上司之名及名之相同字而已。三國以後，開始有連與名音同，甚至音近的字也迴避的，這叫避嫌名。如晉朝羊祜（音「戶」）為荊州太守時，州人諱其名，皆稱戶為「門」，又改「戶曹」為「辭曹」。後世諱避嫌名的風氣愈演愈烈，至宋頒布文書令，竟有一帝應避嫌名超過五十字的。

最初，對於二字之名，只需避免二字連用，無須逐字為諱。然至唐朝，則往往二字並諱。該朝修撰的《晉書》、《隋書》、《南史》、《北史》諸史中，諱李世民之「世」為「代」，諱「民」作「人」之例，比比皆是。

唐宋時期，避諱既繁且濫，除嫌名外，又有避及偏旁字的。唐武宗名炎，乃兼避「談」、「淡」、「郯」，時人改「談」作「譚」、書「淡」為「澹」；而唐順宗子李經，本封郯王，其後人李嗣周因避武宗諱，襲爵而改稱嗣覃王。更有甚者，宋代宋偓本名延渥，只因父名廷浩，後字從「水」，遂上言改名為「偓」。這避諱就涉及字的形旁了。

避諱以諱名為主，然而也有諱字的、諱姓的，以至諱陵名、諱諡號、諱年號，等等。明代以國姓朱，內臣姓朱者令改姓諸，這是諱姓。南朝宋明帝，以長寧郡名與文帝陵相同，改為永寧郡，這是諱陵名。三國時期魏國，初曾諡司馬昭之父司馬懿為文侯、兄司馬師為武侯，司馬昭以文、武乃魏高祖曹丕、太祖曹操諡號，不敢與二祖相同，上表請改，遂易諡宣文、忠武，這是諱諡號。晉惠帝因用年號永康，遂改永康縣為武康，這是

諱年號。「政治避諱」的內容十分豐富，實不限諱名一項。

清廷作為外來的統治者，在文化上不自信，對避諱更加敏感，大興「文字獄」。乾隆時江西有個舉人名王錫侯，因為他著有一本書《字貫》，開篇的凡例，就將康熙、雍正、乾隆之字寫出來，為的是讓人家好迴避。但是他寫這些名字時，都是將整個字寫出來的，沒有拆散，最後被判大逆不道之罪，全家八人被斬。且江西巡撫海成等官員也因不能查出叛逆，而被牽連從重治罪。

「政治避諱」源於國家權力的壟斷性，某些字正如「黃袍」一樣，只許帝王獨占，不容他人染指，這是皇權和等級制度在文化上的展現。

政治避諱是專制文化的怪胎

占星術的政治玄機

「天人合一」、「天人感應」是古代中國社會的主流觀念，認為人事是天象的反映，人事要順應天意。作為溝通「天」與「人」的重要手段——占星術，在古代中國的政治生活中占有重要地位。

「君權天授」、「天命轉移」的觀念在古代深入人心，因此人們認為每逢改朝換代之際，必有天命的轉移，而天命又是由天象來顯示的。於是，當一個新的政治集團崛起並意圖問鼎天下時，它的占星家就要利用對星象的解釋，來論證新王朝的合法性。這類事例在中國古代史上不勝列舉。

據《淮南子‧兵略訓》記載，周武王伐紂向東進軍時，東方天空曾出現過一顆彗星，彗尾指向西方，即周人所居之地，意味著將權柄授於周人。而劉邦進入關中時，也說有「五星聚於東井」（《漢書‧高祖紀》），以預示他將成帝業。楊堅準備逼迫北周皇帝禪位，欲以「天意」昭示天下，道士張賓揣摩到了楊堅的用意，便自稱通曉占星術，極言星象顯示將改朝換代；於是他被楊堅重用，收入幕府。再如明太祖朱元璋，據說他參與群雄逐鹿時，有一位「腹內羅星斗」的道士劉日新，預言他將成帝王之業。這類傳說有時也可以是事後附會，但仍是為新朝取代舊朝的合法性進行的有效「論證」。

除了充當改朝換代的輿論工具外，占星術也常常被用來打擊政敵，其作用之大，從下面事例中可見一斑。

北宋時期，郭天信原是太史局的屬吏，據說他因精通占星術而被宋徽

宗寵信。郭見蔡京專權，意欲將他扳倒，便稱太陽中有黑子。按照占星學理論，這昭示朝中有大臣擅權枉法。宋徽宗心中疑懼，不久便將蔡京罷黜。蔡京倒臺當然有各種原因，但郭天信的「占星術攻勢」至少造成了推波助瀾的作用，加速了蔡京的失勢。

明代胡唯庸為了打擊劉伯溫，也很巧妙地利用了占星術。他嚮明太祖朱元璋誣告劉伯溫要想占一塊有「王氣」的地作墓地，引起了朱元璋對劉伯溫的懷疑 —— 劉伯溫是朱元璋奪天下時的首席占星學家，現在他自己想染指「王氣」，豈不是已有不臣之心？胡唯庸的這一手嚇得劉伯溫不敢離京，從此一病不起。

星象紀錄本來是皇家的占星學檔案，在專制統治的政治運作中，爾虞我詐、黑暗凶險，遂有出於政治目的而偽造星象紀錄或謊報星象之事。

偽造現象較嚴重的星象紀錄之一是「五星聚舍」，即金、木、水、火、土五大行星同時出現在天空之中的一個小範圍內。在占星學理論中，這一天象一直是改朝換代的徵兆。正因為如此，在古史傳說中，周文王興起時、齊桓公稱霸時，包括前文提到的劉邦入關中時，都出現了「五星聚舍」的天象。漢代以後，見於史籍記載的「五星聚舍」又有七次。但近年的研究顯示，這些「五星聚舍」天象大多都不是實錄。

偽造現象較嚴重的星象紀錄之二是「熒惑守心」。「熒惑」指火星，「熒惑守心」是指火星在心宿內發生「留」的現象。從先秦時代起，這就被認為是一種大凶的天象，象徵皇帝駕崩或丞相下臺。歷代官史中記載「熒惑守心」共二十三次，其中僅六次真實，其餘皆屬虛構。在那些虛構的「熒惑守心」天象中，非常有名的一次發生在西漢成帝綏和二年（西元前七年）。

這年春天，善於占星術的郎賁麗上言，有「熒惑守心」現象，應以大臣當天譴。於是皇帝召見丞相翟方進，翟方進即日被迫自殺。這是在政治鬥爭中利用偽造星象的典型事例之一。根據清初思想家王夫之的看法，翟方進很可能是因妨礙王莽奪權而被除掉的。

某些觀念或理論，無論對錯，一旦成為主流意識形態，就必然會依附巨大的利益。與此同時，這種觀念或理論，也成為爭權奪利的輿論武器。占星術成為意識形態工具之後，它是否具有科學性和合理性，時人是否真信，已不重要；重要的是，它能夠為維護統治，或在政治鬥爭中發揮巨大的作用。這或許才是占星術在古代屢遭批判，卻又長盛不衰的根本原因。

占星術的政治玄機

禪讓中的民意包裝

禪讓制是原始部落聯盟首領傳襲的制度,以傳位給賢能者為主要宗旨,如堯傳位於舜,舜傳位於禹。歷史上,陰謀家常常把自己對帝位的篡奪包裝成「禪讓」。

禪讓可分「內禪」與「外禪」,內禪為帝王將帝位讓給同姓人,外禪則是天子禪位於外姓人。內禪以「血統論」作基礎,往往順理成章,波瀾不驚。外禪則需要營造強大的社會輿論,以所謂的「民意」為權力轉移披上合法的外衣。

篡漢建立新朝的王莽,是民意操縱方面的行家。操縱民意首先得籠絡民心,以獲得統治階層上下的普遍好感與讚譽。作為太后的姪子,叔父又手秉國政,王莽要步入政權中心應該輕而易舉。但王莽一心要使自己的步入政壇建立在社會對他的德行能績的肯定上,而不是建立在他對世資的依靠上。

博取統治集團上下一致好感的手段就在於塑造良好的政治形象。王莽首先把自己打扮成儒者 —— 守禮的衛道士。在家孝順母親,禮敬寡嫂,慈養孤姪;從政敬上禮下,溫良恭謙,折節下人。透過禮的雕琢與儒的文飾,王莽的德行得到了統治者的普遍首肯,故「在位者更推薦之」。王莽還透過侍候湯藥,得到相繼握有實權的伯父大將軍王鳳、叔父王商與王根的信賴,很快擢升為黃門郎,並被封為新都侯。然而,王莽又不是那種動輒循禮的腐儒。他相繼誅滅、逼死兩個兒子以及姪子與叔父,不為生母守

三年孝，這些過激的行為，為他博得大義滅親、公而忘私的美譽。

　　班固在《漢書‧王莽傳》中評價王莽為「佞邪之材」，表現在「要名譽」上，王莽汲汲追求的是「在家必聞，在國必聞」的名譽。故無論是他在宗室與鄉鄰小範圍內對宗親師友的「折節力行」，還是從政上的「直道而行」，都是為了獲取眾人之譽。王莽由卑微走向煊赫的每一個階段，都陪伴著宗族、師友、僚屬、臣民的一片稱譽。聲譽於是成了王莽禪讓政治的重要資本。他透過聲譽來捕獲民心，然後透過操縱民心來實現自己的政治意圖。

　　王莽麾下聚集了一幫投機文人，專為他篡位而鼓動宣傳。崔發專項負責符瑞符命，製造「天命歸莽」的假象。陳崇是民意的直接製造者、民眾運動的鼓動者。王舜負責符命與民意的上傳，主要任務轉述是給太皇太后。劉歆則專職於經籍史料的整理，為統一思想而不遺餘力。

　　王莽操縱民意的手腕是很嫺熟的。他退守侯國的三年，上書為他說好話的官吏達數百人，連賢良方正的人士也在對策中稱頌他的功德，可見王莽在漢哀帝時代就已經開始有意地利用與操縱民意。哀帝辭世王莽當政後，禪讓政治的鼓吹活動更加變本加厲。王莽被封安漢公，就是他自己以吉兆奏言太后，然後群臣進言太后，建議授予安漢公爵號的。這種一人倡之、眾人和之的手段在以後的政治活動中屢試不爽。王莽想加「九錫」，其地位在諸侯王之上，群臣受意，於是「公卿大夫、博士、議郎、列侯張純等九百二人」強烈請求授予王莽九錫殊禮。

　　正是透過這種有組織的宣傳鼓動活動，王莽才得以由微不足道的新都侯向主宰西漢政局的安漢公、宰衡、居攝王、假皇帝跨進，最後成為真天子，完成了漢新政權以禪讓方式的和平過渡。

王莽操縱民意的做法，為魏晉南北朝權臣活學活用，其中以曹丕、梁武帝在這方面的模仿與改進最為突出。曹丕禪漢，府臣與朝臣的勸禪多達十九次，其中群眾性大規模的勸禪活動有兩次。梁武帝禪齊前，齊廷官員八百一十九人，以及梁府臣子一百一十七人，一起上表勸進。

　　魏晉南北朝的民意操縱呈現規範化、架構化的特點。府臣是民意操縱的主角，他們負責籌劃、組織、運作民意，而朝臣只是被動地響應與參加表述。

　　由此看來，所謂禪位中的「民意」，其實是假民意，與民心無關。它只是陰謀家對「選賢與能」和「得民心者得天下」兩大政治原則的玩弄而已。

禪讓中的民意包裝

借「史」殺人

　　中國有官方修史的傳統。修史可以用來教化、資治和明道，但也常被古代統治者用來美化自己的過去。不過，修史被借用為殺人之刀，卻不多見。

　　官修當朝史與政治活動密切相關，當朝重要政治人物的言行多記載其中。它既是官方評判事件是非的標準，也是評判人物善惡的依據。掌握了修史的權力，就可以操控輿論，抬高自己，打擊異己。因此，各方政治勢力都很重視修史。

　　太監魏忠賢擅長拍馬屁，入宮沒多久，便受到提拔，到明熹宗身邊當差。成為皇帝面前「紅人」後，宮中很多人開始巴結他，但東林黨人卻看不起他。魏忠賢為掌握實權，開始處理對自己威脅最大的東林黨。雙方形成各自的陣營，一場沒有硝煙的戰爭，在朝中打響。

　　閹黨為了打擊東林黨人，炮製了六君子之獄、七君子之獄等一系列政治事件，對「梃擊」、「紅丸」、「移宮」三案進行翻案是其重要步驟之一。魏忠賢讓其死黨顧秉謙帶幾個人重修當代史，以便將其作為政治鬥爭的陣地 —— 用輿論當武器。

　　萬曆帝曾想立寵妃鄭氏的兒子常洵為太子，這背違「立長立嫡」的祖訓，遭到朝中東林黨人的極力反對。萬曆帝孤立無援，只能立長子常洛為太子。男子張差手持木棍闖入太子寢宮，打傷太監後被生擒勘審。張差一口咬定，自己收了鄭氏手下太監龐保、劉成的錢，才去殺太子的。但張差

語無倫次，似乎精神有問題。萬曆帝下令以瘋癲奸徒罪處死張差，並祕密殺死龐保、劉成，草草了結「梃擊案」。

光宗常洛即位後，鄭貴妃為討好他，挑選八名美姬進獻。光宗本已虛弱的身體，更加不堪。他怕死，服用紅丸。初服一丸，四肢和暖，思進飲食；再進一丸，於次日凌晨即亡。此為「紅丸案」。

光宗的寵妃李氏，為照顧皇長子朱由校遷入乾清宮。不到一月，光宗便死了。李氏企圖挾皇長子自重。朝中東林黨人楊漣、左光斗等，為防其干預朝事，逼迫李氏離開乾清宮。李氏無奈，移居噦鸞宮，是謂「移宮案」。

東林黨人葉向高在主持編修《光宗實錄》時，力持公平，基本上客觀地描述了「三案」真相：梃擊案、紅丸案是鄭貴妃謀害光宗，欲以己子代之；移宮案是為了阻止後宮干政。

閹黨為了從政治上和輿論上徹底打倒東林黨，力主重修《光宗實錄》，為「三案」全面翻案，推翻了東林黨人之前的論斷。閹黨認定：張差確實瘋癲，光宗之死是因為哀慕神宗，東林黨人「移宮」是為了貪圖「定策之功」。

此外，閹黨還主持纂修《三朝要典》，進一步統一官方說法，指責東林黨人貪圖功名，排除異己，離間皇家骨肉親情。該書充滿對東林黨的詆毀，成為閹黨打擊東林黨的重要工具。例如重述「梃擊案」時，誣陷東林黨人何士晉是禍首，說他利用非常手段查案，捏造事實，敲詐無辜之人。在重述「紅丸案」和「移宮案」時，也如法炮製。

《三朝要典》撰寫完成後，在朝野廣泛傳播，嚴重損壞了東林黨人的形象。閹黨藉助輿論之力，把政敵往死裡整，很多東林黨人被迫害致死。

東林六君子之一的魏大中，就是在牢中被活活打死的，其子魏學洢悲痛至極，「嚎啕至於死」，年僅二十九歲。而魏忠賢這邊聲勢大漲。

這種形勢在崇禎帝即位後得到逆轉。他常年生活在宮中，對魏忠賢閹黨的罪行，耳聞目睹，一清二楚。他登基剛三個月，便一舉剷除了閹黨。他給被誣陷的東林黨平反，並下詔毀掉《三朝要典》，將其列為禁書。

但到了弘光朝廷，《三朝要典》依然是政治鬥爭的武器。弘光帝朱由崧是萬曆帝寵妃鄭貴妃的孫子，在南明朝廷建立之際，東林黨人竭力擁戴潞王朱常淓即位，認為「潞王立，則無後患罪，且可邀功」。新仇加舊恨，即位後的朱由崧自然對東林黨人頗為不滿，重頒《三朝要典》以打擊東林黨人。而這，又掀起一場風波，加劇了弘光朝廷的黨爭。

《三朝要典》顛倒黑白，連清朝統治者也看不過去，將其列入禁毀書目。軍機處在奏摺中說：「其書名為敕修，實一時閹黨藉此羅織正士獻媚客魏，中間顛倒是非，天良滅絕，本應譭棄，又有狂悖之處，應請銷毀。」

《三朝要典》開啟了修史以助黨爭的先例，無怪乎明末著名文學家、抗清英雄吳應箕，在《啟禎兩朝剝復錄》一書中認為，《三朝要典》欲蓋彌彰，是殺人之書 —— 這可謂一針見血。這部書也成為史上臭名昭彰的「名著」。

借「史」殺人

「再受命」救不了衰世

西漢自創立到漢哀帝劉欣時，已近二百年，演進至此，王朝已趨暮年。哀帝之後，雖然還有平帝、太子劉嬰，但都是傀儡，大權旁落外戚，最終王莽篡漢。劉欣曾想有所作為，但其努力最終泡湯，漢室中興夢滅。

劉欣並非嫡系接班人。漢成帝沒有活到成年的子嗣，作為姪子的劉欣繼承了帝位，此時他已十九歲，心智基本成熟。他不滿伯父漢成帝的糜爛頹廢，而追慕漢武帝、漢宣帝的武功文治。

新帝想有所作為，就得重建自己的權力基礎。劉欣先將外戚王氏家族排擠出權力中心，放逐了大司馬王莽，改由自己的外戚擔任，還不斷處置前朝留下的重臣。他重置政府機構，撤銷大司空，恢復丞相、御史大夫的兩府舊制，防止大臣集權。

漢朝土地兼併嚴重，失地農民只能淪為流民或奴婢，社會貧富分化加劇。劉欣剛繼位就頒布「限田令」，限制土地兼併；頒布「限奴婢令」，規定不同等級的人所能擁有的奴婢數量。

但當時掌權的外戚丁、傅兩家和劉欣的男寵董賢，都擁有大量土地和奴婢，此方案觸犯了他們的利益，於是他們百般反對和阻撓。其實漢哀帝本人也並不想真正限田、限奴婢。方案公布不久，他一次就賞給董賢土地兩萬頃，還賜給他家裡的奴婢每人十萬錢。結果，擴田蓄奴現象愈演愈烈。

劉欣所面臨的，不只是權力和社會問題，還有意識形態問題。漢朝盛

行讖緯神學，迷信「五德終始」之說。此說認為，木、火、土、金、水五行所代表的五種德性，周而復始，循環運轉。王朝命運也是如此，風水輪流轉。漢朝統治者為了強調統治的合法性，把自己打扮成堯的後人。但是，劉欣繼位時，朝野上下瀰漫著濃重的「改姓易代」氛圍，漢廷已經毫不避諱談論皇室天命中衰。人們說，漢家作為堯後，其德已衰，按照「五德終始」之說，接下來要由舜的後人來受命。面對這種讖言，皇室左右為難：如果打壓禁止，對篤信讖緯的漢朝人不僅沒用，反而會反彈；如果置之不理，讖言也不會消失。漢室面臨著執政合法性危機。

劉欣即位後，決心主動回應讖言，爭奪「天人感應」的神學話語權，避免「天命轉移」。他刻意尋訪精通此道的人，希望能順其意而用之。在騎都尉李尋的引薦下，其學生夏賀良進入劉欣的視野。李尋精通天文災異之學，一時風頭正盛，師徒兩人都主張「再受命」之說。劉欣多次和夏賀良深談，十分認同他的學說：漢家歷數中衰，必須要「再受命」，改元易號，才能避免權力失落。

劉欣就在即位的第二年，即建平二年（西元前五年），根據夏賀良的設計，下詔開啟了漢家「再受命」的改制。其方法很簡單：既然是「再受命」，就把建平二年改為太初元將元年；既然要讓堯的後人禪讓給舜的後人，那就給自己加上舜的稱號，自稱「陳聖劉太平皇帝」，並大赦天下。

舜的後裔是陳氏，把「陳」加到帝號之上，帝號裡同時保留劉姓，意味著哀帝既是堯後又是舜後。這種做法明顯自相矛盾，無法自圓其說。

李尋是否真信「再受命」之說，不得而知，但他顯然看到這個理論背後的利益。夏賀良的建議被皇帝採納，李尋很是振奮，想藉著「再受命」改制的機會，掌握外朝大權。他與夏賀良、解光等人串通勾結，企圖罷退

丞相、御史，自己與解光兩人輔政。這觸犯了劉欣。劉欣重用夏賀良，是要把儒家「受命」理論的闡釋權抓在自己手裡，而不是要委政於人。李尋的做法，劉欣無法容忍。對皇帝來說，最要緊的還是權力。劉欣馬上下詔廢除改制，處死了夏賀良，流放了李尋和解光。這場改制只維持了一個多月。

劉欣的人生如同這場改制，**轟轟**烈烈地開始，匆匆忙忙地結束，他死時年僅二十五歲，這讓王莽有了可乘之機。本來危機重重的漢王室，又新添了權力危機。

引導輿論的騙局，難以奏效。自相矛盾的改制，也不可能成功。病入膏肓的西漢王朝，來日無多了。

「再受命」救不了衰世

精神上的活埋

　　萬曆十五年（西元一五八七年），大明國祚進入倒計時。這一年，萬曆帝開始了他與外隔絕的長期幽居，而這似乎在四年前就埋下了伏筆。那一年，他開始為自己修建陵墓。這成為他人生的一個隱喻 —— 在精神上將自己活埋，雖然其肉體來到塵世才剛二十個春秋。而他先輩的陵墓，幾乎都是在晚年或去世後才開始修建。

　　萬曆帝後宮佳麗如雲，鄭氏最受寵愛。愛屋及烏，皇上想立她所生之子常洵為太子。大臣們卻不依不饒，認為應該立恭妃王氏所生的皇長子常洛。王氏不受寵，其子自然不是皇用心中的理想人選。

　　以前，朝中大事是內閣首輔張居正說了算，那時的萬曆帝畢竟只是個孩子，心智難堪大任。但他現在已經成年，大臣們卻似乎仍然把他當作孩子，很多事做不了主，無法乾綱獨斷。身為皇帝，卻不能為心愛的女人謀福利，萬曆帝覺得窩囊。作為士大夫，卻不能很好地維護儒家政治倫理，大臣們也覺得慪氣。

　　先輩們打下江山，也打造了精緻的官僚體制。官僚體制具有雙重性，它既有助於朝政正常運轉，也可能束縛皇帝的手腳。

　　萬曆帝沒有洪武帝、永樂帝的鐵腕手段，也沒有嘉靖帝的陰柔權術，他只得選擇逃避與「冷戰」，以表達自己的憤懣和無奈。

　　一邊是「皇長子應為太子」的傳統政治倫理，一邊是「我是老大我做主」的皇權邏輯，大臣與皇上都不相讓，一直僵持著，萬曆帝索性誰都不

立了。經過十多年的長期對峙，大臣們最終勝出，常洛被立為皇太子。

處於下風而又無可奈何，萬曆帝很失落，便破罐子破摔，躲進深宮，沉溺酒色，加上體弱多病，他竟前後長達三十年不出宮門，當起了「宅男」。他不上朝，不閱奏摺，不見臣子，不拜祖宗，甚至連親生母親的葬禮也不參加，破例派大臣代替他行事。長居深宮，很多大臣都不知道萬曆帝長什麼樣。

萬曆皇帝像

高級官員的遞補必須徵得皇上首肯，萬曆帝寧願讓位置空著，也不表態。朝中大事需要皇上欽定，萬曆帝不置可否。大臣們不敢擅自做主，整天無所事事。官僚體制有自身的邏輯和慣性，皇帝疏怠也許短期內不會影響朝政正常運轉，但年深日久問題便突顯出來。

張居正主政的萬曆早期，大明帝國曾經一度呈現中興氣象。士大夫們或把皇上視為真命天子，是實現治國平天下理想的代理人；或把朱氏王朝當作利益共同體，皇族有肉吃我有湯喝，大多自覺或不自覺地維護著皇權。他們認為亂立太子是動搖國本，所以必須極力阻止。不過，既然在皇上眼中，江山不如女人重要，那作為臣子，又何必死腦筋？於是，朝中人心，紛紛離散。

　　一些人趁朝政荒廢、管理混亂，大肆貪腐。也有一些正直的大臣犯顏直諫，嚴厲批評皇上，可萬曆帝懶得搭理，只當沒聽見。這些大臣既對朝廷喪失了信心，又不願同流合汙，於是紛紛稱病去職。一向溫文爾雅的內閣輔臣葉向高，也忍無可忍，在第二十六道乞休奏疏中，痛陳皇帝怠於臨朝造成的惡果，稱「廊廟不成廊廟，世界不成世界」，可謂入木三分，痛快淋漓。但萬曆帝仍然無動於衷，任由事態惡化。

　　國君的氣質決定了國家的氣象。青年萬曆帝在精神上將自己活埋，他活埋的不只是他個人，還有他背後的大明王朝。在他要死不活的統治下，明王朝一直萎靡不振，後來又攤上其他庸君和權閹魏忠賢亂政，明王朝的元氣一瀉千里，最終消失殆盡。

精神上的活埋

偏安朝廷的禪讓病

為了爭奪皇位，父子兄弟相殘之事不絕於史，但也有主動禪位的記載。禪讓一次不足為奇，如李淵讓位於李世民，乾隆讓位於嘉慶等；而南宋竟然連續出現三次禪讓，足以成為一種現象。

堯禪位於舜，舜禪位於禹，這是讓位賢能，本是光耀千古的美德。而南宋三個禪位的皇帝，更多是出於委曲求全和逃避責任，禪讓在這裡成了病態心理的表現。

這種病態與趙氏王朝前輩遺傳下來的政治基因有關。北宋徽宗膽怯於來勢洶洶的金兵，為了不當亡國之君，提早禪位於兒子宋欽宗。不久，金人攻破京城，將包括徽宗、欽宗在內的皇室成員悉數掠走，只剩趙構這一漏網之魚。宋高宗趙建構立南宋，延續趙氏國祚，也繼承了趙氏王朝的政治基因，這種基因在他身上還得到強化，然後又傳給了後人。

經歷靖康之變的人，都不會忘記這場災難和恥辱，因而南宋有一種刻骨銘心的雪恥情結。但高宗有自己的小算盤：如果打敗金國迎回二帝，自己的皇位將受到威脅，畢竟一國不容二主；主戰武將在抗金中勢力將不斷擴大，也會威脅到君權。出於這些考慮，高宗不願直搗黃龍府，他向金國上表稱臣，簽訂屈辱合約，處死主戰將領岳飛。他又坐視權相秦檜陷害了不少忠臣義士，壓制他們對屈辱和議的抗議。

投降派代表秦檜死後，高宗雖然貶黜其部分親信，但仍豁免了秦檜父子的贓罪，下令不予追究。南宋史家呂中評斷高宗「更化」說，「檜之身

雖死，而檜之心未嘗不存」，高宗繼續著沒有秦檜的「秦檜路線」，因為這個路線本來就是高宗與秦檜共同打造的。當聲討乞和降金的聲浪不斷高漲時，高宗警告天下：「如敢妄議，當重置典刑。」

紹興二十六年（西元一一五六年），一個從北方逃來的士人上書力言金人準備南侵。但高宗竟然下詔宣告：合約事實上由他一手決定，斷不會因為秦檜的死亡而改變。他把上書者流放，下令禁止討論邊事。

自從宋金和議之後，南宋將驕兵惰，無復備戰，將領都去經商斂財，士卒皆成行商坐賈，軍隊的能力急遽退化，沒有了戰鬥力。金兵再次南侵，迅速攻陷兩淮防線。高宗極為震恐，一度準備解散百官，航海避敵。同時，又下詔罪己，語氣極為哀痛。大臣中主張乘機北伐的呼聲逐漸激昂。高宗乞和夢滅，不敢面對現實，在自己壯年就讓位給宋孝宗。

孝宗本來想有所作為，即位後積極為岳飛平反，任用主戰派人士，銳意收復北宋故疆；但他無法實現這個目標，因為太上皇反對。從即位開始，孝宗對金的政策就限於兩個由太上皇定下的目標：一是歸還河南，主要含東京開封和西京洛陽；二是將金宋關係由君臣改為兄弟。不過，孝宗始終堅持宋方擁有在紹興三十一年（西元一一六一年）後收復的土地。金人對此予以拒絕，只願意將君臣關係轉為叔姪關係——金主為叔，宋皇為姪，等於承認太上皇高宗為兄。太上皇覺得這是留了面子給自己，表示滿意。但孝宗仍不甘願放棄金人要求的所有土地。太上皇於是多次干涉，再三告誡孝宗不可輕信主戰大臣張浚。孝宗最終被迫將張浚調離朝廷。

年復一年，太上皇厭戰的心態並沒有改變，生怕激怒金人，引來戰禍。金宋雖改以叔姪相稱，但金人仍然要求孝宗依照君臣禮儀，降榻立接國書。孝宗的目標，就是要改變這種卑屈的象徵，但太上皇命令孝宗立接

國書。不但如此，孝宗希望在大年初一先朝見太上皇以示尊卑，太上皇卻堅持要他先接見金使。

由於太上皇多次掣肘，孝宗心灰意冷，不再對金用兵。他在太上皇死後只做了兩年皇帝，竟也將大位禪讓給兒子宋光宗，自己也做了太上皇。

光宗更是乏善可陳，年紀輕輕就得了重病，還有一個不安分的皇后。由於光宗生性懦弱，加上皇后的弄權欺凌，使得他整日鬱鬱寡歡，得了心病，不得不再禪讓給唯一的皇二代宋寧宗。此後的南宋王朝，江河日下。

從高宗到寧宗，至尊皇位竟成了燙手山芋。禪讓在南宋已經成為一種政治文化現象，這在中國歷史上絕無僅有。這正是南宋這個偏安朝廷的獨特氣質。

偏安朝廷的禪讓病

通貨膨脹的陷阱

在古代漢語中，貨與幣本來是兩個不同的概念，貨是貨物，幣是錢。貨幣一詞首次出現在《後漢書》中，當時的人們就已經發現，貨與幣如同天平的兩側，必須保持平衡。用現代的話說，貨幣的發行，必須與經濟發展相匹配。

但古代一些統治者似乎不明此理，把通貨膨脹當作擺脫財政困境、掠奪百姓的慣用手段。歷代政府貶值貨幣的花樣百出。在金屬貨幣時代，官府先用減重的方法鑄小錢，再用變相的方法鑄大錢。宋代以後出現了紙幣，由於紙幣的面值可任由官府規定，伸縮無限，其膨脹程度較之金屬鑄幣，有過之而無不及。通貨膨脹有兩種形式：一是不停地發鈔，一直膨脹下去，如明代的大明寶鈔；二是一面膨脹，一面改發新鈔，如宋代的會子和元代的寶鈔。

通貨膨脹的結果是民不聊生，引發內亂外患，政權走向崩潰。新朝創立者一般能夠吸取前朝教訓，採取措施促生產、穩物價。然而，隨著王朝機制的僵化，官僚機構臃腫，統治集團腐化，稅費已無法滿足開支需求時，濫發貨幣成為必然選項。這在中國古代的兩漢和元朝表現尤甚。

因秦朝苛政後遺症影響，西漢初期幣值跌落，物價飛漲。文帝時著手穩定幣值和物價。他從獎勵農耕和收縮通貨兩個方面來進行。到景帝時，幣值已趨向穩定，物價呈下降趨勢。西漢末年，王莽專政，亂改幣制，不斷鑄行大面額貨幣，導致又一次出現通貨貶值、物價暴漲的局面。東漢光

武帝在位的三十多年間，又是穩定幣值和物價的時期，主要是從緊縮政府財政支出和發展農業生產兩個方面入手。東漢末年，再次出現了嚴重的貨幣減重行為，即董卓的「更鑄小錢」，因而又出現了物價狂漲的局面。東漢重蹈西漢滅亡之覆轍。

元初期，發行中統鈔以統一各地的貨幣。由於政府充實準備金，控制紙幣流通量，注意管制物價，使紙幣價值不變，物價曾一度保持穩定，甚至下降。不過二十年時間，由於政府改變紙幣政策，紙幣價值逐步下降，物價逐步升高。到了世祖末葉，物價比以前上漲了許多倍，其根本原因是收支不能平衡。海外戰爭用費的激增，加以諸王賞賜、皇室支用等費用的龐大，財政連年入不敷出。到元末順帝時，更是費用大增，政府無限制地發行沒有準備金的紙幣，導致物價暴漲，紙幣貶值成為廢紙，人民拒絕使用。元至正十九年（西元一三五九年），在京師一千貫鈔還買不到一斗粟，較之元初漲了一千倍以上。就這樣，元朝由經濟上的崩潰引發政治上的崩潰。

貨幣貶值導致物物交易的，還有古羅馬帝國。羅馬帝國的君主沒能成功地增加稅收，就利用銅鐵等摻假造幣，降低銀幣中白銀的分量。這樣，用同樣重量的白銀，製造出了更多的銀幣，滿足了皇室的開支。西元一五〇年，羅馬帝國銀幣中的含銀量相當於凱薩時代的千分之二；到了西元三五〇年，這一比例已是六千萬分之一了。摻假的銀幣越來越不值錢，便沒有了公信力，商品交換幾乎退回到以物易物的狀態。羅馬帝國一片蕭條，曾經的繁榮宛如過眼雲煙。

通貨膨脹就像罌粟花，一些統治者迷戀於它的美麗，卻忘記了誘惑背後的毒性：或者根本沒人在乎其毒性的大小，或者知道它的毒性，卻自信能夠免疫，不惜飲鴆止渴，從而使自己陷入絕境。

皇子相殺中的安全困境

「本是同根生，相煎何太急」，「最是無情帝王家」。歷史上，皇室手足相殘之事不勝列舉。如，秦胡亥殺扶蘇，十六國時期漢劉聰殺劉和，南北朝時期宋劉駿殺劉邵，北魏拓跋嗣殺拓跋紹，隋楊廣殺楊勇，唐李世民殺李建成、李元吉，後梁朱友貞殺朱友珪，五代十國時期後唐王延鈞殺王延翰 —— 前者都是踏著兄弟的屍骨登上王位的。

普天之下，莫非王土；率土之濱，莫非王臣。王權的巨大誘惑力，使一些皇子喪失人性天倫，對骨肉同胞舉起屠刀。這是普遍的看法。但這種看法掩蓋了歷史的另一種真相 —— 皇子們所面臨的「安全困境」。

「安全困境（Security dilemma）」本來是國際政治理論中的常用術語，它指的是，一個國家為了保障自身安全而採取的措施，反而會降低其他國家的安全感，從而導致本國自身更加不安全。一個國家即使是出於防禦目的增強軍備，其他國家仍然會視之為威脅，從而針鋒相對地作出反應，這樣一種相互作用的過程，是國家難以擺脫的一種困境。

「安全困境」的核心問題，是國家間的恐懼感和不信任感。在這樣的局面下，你會對其他國家有恐懼感，別國也會對你有同樣的恐懼感。也許你對別國根本無傷害之意，但你無法使別國真正相信你。在這種情況下，雙方都以為對方是有敵意的，於是，軍備競賽不斷更新，最終的結果是走向戰爭，人類自相殘殺。

皇子之間同樣有這種恐懼感和不信任感。在古代封建專制社會，民眾

大都迷信皇族受命於天，替天行「王道」。作為皇子，即便你生性平淡，沒有權欲，對兄弟的太子之位或皇位並沒有覬覦之心；但你與他同為皇室血脈，有巨大的號召力，這便是原罪了。掌權者認為，你有條件被利益集團選作代理人，從而「黃袍加身」。掌權者尤易在其統治面臨合法性危機時疑懼。

王權的獨占性和嗜血性使掌權者相信，失去權力，就意味著性命不保。因此，他會尋找一切機會，不惜一切代價，除掉可能對其構成威脅的親兄弟。而在野的皇子，對已成儲君或已登大位的兄弟同樣深懷恐懼和不信任；即便只是出於對自身安全的考慮，他也要暗中培植力量。在皇子們眼中，只有權力才是最好的保護傘和安全屏障。

在位者和在野者互相的不信任感和恐懼感，在一定程度上促成了手足相殘的悲劇一再上演。最極端的例子來自五代十國時期南漢中宗劉晟。

南漢開國皇帝劉龑去世後，第三子劉玢登上帝位，由劉玢之弟劉晟輔政。結果，劉晟殺掉劉玢，自己當了皇帝。隨著權力的增大，劉晟的疑心病也越來越重。他殺掉的第二個兄弟，正是昔日的同盟者劉洪昌。劉洪昌作為兵馬副元帥，多次向劉晟提建議，這並無不妥；但在敏感多疑的劉晟眼裡，劉洪昌無疑是在染指專屬於他一個人的皇權，結果劉洪昌慘遭殺害。劉龑諸子之中，第五子劉洪昌最為賢能。劉龑曾打算將其立為太子，經大臣勸諫未成。因此，殺掉劉洪昌之後，劉晟的下一個目標就是擔任兵馬大元帥的劉洪昌。與劉洪昌同一年遇害的，還有他的八弟劉洪澤。劉洪澤最初被封為鎮王，居於邕州。有一年，南寧的上空出現一隻鳳凰。在劉晟看來，這無疑是八弟即將稱帝的徵兆，於是派人毒殺了劉洪澤。不久，劉晟對倖存的兄弟展開了最大規模的殺戮和清洗。同一天裡，竟然有八個兄弟同時被殺。劉晟一共有十八個兄弟，大哥、二哥因病早逝，九弟死

於戰場，其餘十五個兄弟均被劉晟殺害。清除了眼中的所有「危險分子」後，劉晟成了真正的「寡人」。

國家之間發生戰爭，不全是為了爭奪資源，相當一部分是「安全困境」導致的。皇子相殺，也不全是為了爭奪皇位，有的最初只是為了自保，後因陷入「安全困境」的泥潭而難以自拔。傳統專制政體的死結 ——國家公權力的私有性、壟斷性和排他性，讓皇子們都沒有安全感，手足相殘的悲劇也就不可避免了。

皇子相殺中的安全困境

臥榻之側的「怪獸」

西元九七四年，趙匡胤召南唐後主李煜到汴京朝見。李煜擔心自己被扣押，就派徐鉉到汴京求和。趙匡胤直截了當地說：「臥榻之側，豈容他人鼾睡？」這是在向李煜宣布主權：這天下都是我的，容不得任何人侵占，絕不可能和解。趙匡胤這句話，是中國古代自秦始皇開始一直推行君主專制的形象詮釋，也是趙宋天下之得與失的生動註腳。

趙匡胤就曾是他人臥榻之側的鼾睡者。他在後周時任殿前都點檢，領宋州歸德軍節度使，率軍抵抗契丹。趙匡胤在陳橋驛發動兵變，黃袍加身，從寡婦孤兒的符皇后和後周恭帝柴宗訓手中奪取了政權。趙匡胤效仿的，正是後周的建立者郭威。

郭威幫助劉知遠建立後漢，自己坐上樞密使的高位，掌握了軍權。皇二代劉承祐不甘心大權旁落，猜忌誅殺權臣。郭威率師抵禦契丹途經澶州時，士兵發動兵變，把撕破的黃旗披在郭威身上。黃袍加身後，郭威返回汴梁，正式稱帝，建立後周。郭威沒有想到的是，自己建立的王朝，在十幾年後，被趙匡胤以同樣的方式取而代之。

趙匡胤同樣沒想到的是，三百餘年後，同樣是寡婦孤兒的謝太后和南宋恭帝趙　，又在臨安東北的皋亭山向元軍統帥奉表投降。柴宗訓和趙　，這兩個末代皇帝，不但帝號一樣，都稱恭帝，而且都是七歲遜位。

據《宋史紀事本末》記載，元朝大將伯顏攻占臨安後，趙曾派人前去議和，伯顏拒絕說：「汝國得天下於小兒，亦失天下於小兒，其道如此，

尚何多言！」趙宋天下之得與失，都發生於小孩身上，這是天道循環。這真是歷史的極大諷刺。

　　元代詩人劉因在〈書事〉一詩中，把這兩件驚人的相似史實連繫起來描寫：「臥榻而今又屬誰？江南迴首見旌旗。路人遙指降王道，好似周家七歲兒。」這七歲的降王，多麼像當年後周的七歲降王啊！作者顯然認為，元朝統治者不過是以趙匡胤之道，還治其末代子孫之身而已。

趙匡胤像

　　當年趙匡胤建立北宋後，為防臥榻之側的鼾睡者而處心積慮。他吸取五代十國的教訓，嚴防軍人僭越，在政治上輕武重文，設計了「君主與士大夫共治」的權力制衡，一度出現良好穩定的政治局面。然而，神宗時期的元豐改制，使中央的權力分配發生變化，大大提高了相權，以便君主利用寵信的宰相掌握大權。神宗以後，黨爭加劇，士大夫與君主共治的局面

被打破。皇帝開始與士大夫群體對抗，他更願意扶持忠於自己的黨派。

靖康之變後，宋室南渡偏安，宋王朝進入到動盪期，中央集權成為必然。在戰爭的推動下，宰相獲得了更多權力。起初，君主躬親政事，相權被君權牢牢抑制；後期，君主怠於政事，甚至沉迷享樂，軍政大權就落到宰相手中。韓侂冑、史彌遠、賈似道等權相利用天子的軟弱和制度的空子，把控朝政，為所欲為。這時，宰相不再是士大夫群體的代言人，而是背負著君主幽靈的獨裁者。

在北宋，士大夫是國家治理的基石，也是應對國家危機的緩衝帶；但在南宋，這一緩衝逐漸消弭，更兼宰相的專權和無能，政事荒廢，危機四起。當北方義軍奮力殺敵，保衛自己的家園時，宋廷的權相則懶坐於西湖邊，醉倒在溫柔鄉，即便襄陽危急，國難將至，他們仍封鎖消息，製造出歌舞昇平的假象。直到蒙古大軍深入腹地，南宋君臣才從迷夢中醒來，但大勢已去。宰相是君主的代理人，宰相專權是君主專制的化身。探究南宋滅亡的根源，與其說因了專權的宰相，不如說因了君主自身。

在專制制度下，共存雙贏是奢侈品，你死我活是常態。李煜向趙匡胤求和，趙向伯顏求和，都是一廂情願。按照英國思想家湯瑪斯·霍布斯（Thomas Hobbes）的比喻，君主專制是「利維坦（Leviathan）」，即一種邪惡的海裡怪獸。以己度人，君主會把臥榻之側的所有鼾睡者，都當作「怪獸」，絕不會容忍它的存在。

然而，「怪獸」是防不勝防的，它是君主專制的必然產物。它或在廟堂，或在江湖，或是文臣武將，又或是君主自己。

臥榻之側的「怪獸」

兄弟情與父子仇

　　唐玄宗李隆基前期勵精圖治，開創了開元盛世；後期怠於政事，寵信奸佞，引發安史之亂。前後判若兩人。他對待兄弟和兒子的態度，也截然不同。

　　李隆基對兄弟關懷備至，是千古帝王中少有的。他當太子時，就命人做了一個非常大的被子和一個非常長的枕頭，用來與兄弟同床共枕。做了皇帝後，他在皇宮一側修建了一座樓，專供兄弟們飲酒作樂。

　　對於大哥李憲，李隆基十分敬重，也非常照顧。每年李憲過生日，李隆基都親自去祝賀，賞賜豐厚異常。但凡李隆基覺得好的東西，沒有不分享給大哥的。李憲臥病在床，李隆基一天之內多次詢問病情，如果稍有好轉，他就很開心；如果又有惡化，就難過得吃不下飯。

　　對古代皇家兄弟而言，和睦是奢侈品，他們為了權力常常鬥得你死我活。深諳宮廷政治的李隆基，對兄弟如此仁愛，與兄弟的謙讓和低調有很大關係。

　　李隆基一共兄弟六人，他排行第三。唐中宗李顯駕崩後，李隆基發動政變殺掉韋後，幫父親李旦登上皇位。在這個過程中，李隆基是立了大功的，他就像當年幫李淵打天下的李世民。李旦當時很為難，是立長子李憲還是李隆基為太子？李世民為皇位殺了大哥李建成，殷鑑不遠。李憲有自知之明，他哭著推辭，大臣們也勸唐睿宗李旦立李隆基為太子。於是，李隆基順利當上太子，後又接受父親的禪讓，登上皇位。此後，李憲為了

避嫌，很少參與朝政，其他幾個兄弟也以大哥為榜樣，對朝中之事不聞不問。

李隆基對兄弟投桃報李。李憲去世後，李隆基認為哥哥高風亮節，讓皇位給自己，於是破天荒追謚李憲為「讓皇帝」，所有喪葬禮儀都是按皇帝規格。對於其他兄弟，他也關愛備至。二哥李捴被追謚惠莊太子，四弟李範被追謚惠文太子，五弟李業被追謚惠宣太子。

對兄弟如此友善的李隆基，對兒子似乎應該更加愛護；但他卻在一天之內，連殺李瑛、李瑤、李琚三個親生兒子，令人匪夷所思。

最初，李瑛的母親被李隆基寵幸，因而李瑛被立為太子。同時被寵幸的，還有李瑤之母、李琚之母。後來，武惠妃寵傾後宮，她所生的李瑁自然就很受李隆基喜愛，而皇太子李瑛卻因母親的失寵漸被皇上疏遠。

李林甫乘機向武惠妃表明，他願助她的兒子登上大位。於是，武惠妃在李隆基面前多次為李林甫說好話。李林甫因而屢獲升遷，入閣拜相。他多次與武惠妃密謀欲除掉太子，讓李瑁取而代之。

武惠妃向李隆基告狀，稱太子和李瑤、李琚拉幫結派，意圖謀害她們母子。此言正中李隆基的心病，當年他就是靠拉幫結派而上臺的。他動了廢掉太子和兩位皇子的念頭。但宰相張九齡等人一再力保，李隆基才暫時作罷。但張九齡等一幫重臣的做法，卻讓李隆基感到太子羽翼漸豐，他覺得這已經危及自己的皇權了。

李林甫的機會來了。朝臣嚴挺之被一案牽連入獄，張九齡為他辯解無果，只好轉託裴耀卿代救。李林甫乘機誣陷裴、張是朋黨，李隆基遂罷去兩人相位。之後，李瑛、李瑤、李琚被以「謀反罪」廢為庶人，不久又被賜死。

對兄弟情深意篤，對兒子狠下殺手，表面看似矛盾，實則一脈相承，都是為了皇權穩固。明代思想家李贄在《藏書・親臣傳・太子瑛》中說：「非讓皇帝有太伯、叔齊之賢，則明皇之視諸弟，不難於諸子矣。」太伯、叔齊是殷商末期孤竹國的兩位王子，互相讓國，不肯繼位。言下之意，如果「讓皇帝」李憲沒有太伯和叔齊的賢德，那麼李隆基對待幾位兄弟，難道不會更甚於對他的幾個兒子嗎？這可謂一語中的，點破了兄弟溫情面紗下的真相。

士人風骨：

從帝王到文人的深層心理，古代政治中的操控與反思

作　　　者：蘇露鋒
發 行 人：黃振庭
出 版 者：崧燁文化事業有限公司
發 行 者：崧燁文化事業有限公司
E - m a i l：sonbookservice@gmail.
　　　　　　com
粉 絲 頁：https://www.facebook.
　　　　　　com/sonbookss/
網　　　址：https://sonbook.net/
地　　　址：台北市中正區重慶南路一段
　　　　　　61 號 8 樓
8F., No.61, Sec. 1, Chongqing S. Rd.,
Zhongzheng Dist., Taipei City 100, Taiwan

電　　　話：(02)2370-3310
傳　　　真：(02)2388-1990
印　　　刷：京峯數位服務有限公司
律師顧問：廣華律師事務所 張珮琦律師

-版權聲明
本書版權為北嶽文藝所有授權崧博出版事業
有限公司獨家發行電子書及繁體書繁體字
版。若有其他相關權利及授權需求請與本公
司連繫。
未經書面許可，不得複製、發行。

定　　　價：399 元
發行日期：2024 年 06 月第一版
◎本書以 POD 印製
Design Assets from Freepik.com

國家圖書館出版品預行編目資料

士人風骨：從帝王到文人的深層心
理，古代政治中的操控與反思 / 蘇
露鋒 著 . -- 第一版 . -- 臺北市：崧燁
文化事業有限公司 , 2024.06
面；　公分
POD 版
ISBN 978-626-394-410-7(平裝)
1.CST: 中國史 2.CST: 通俗史話
610.9　　113007889

電子書購買

爽讀 APP

臉書